今さら、再びの夫/婦二人暮らし

上田淳子

子育て中の忙しさであきらめていた
ゆっくりお茶を味わうこと。
何気ない時間が、今の楽しみ

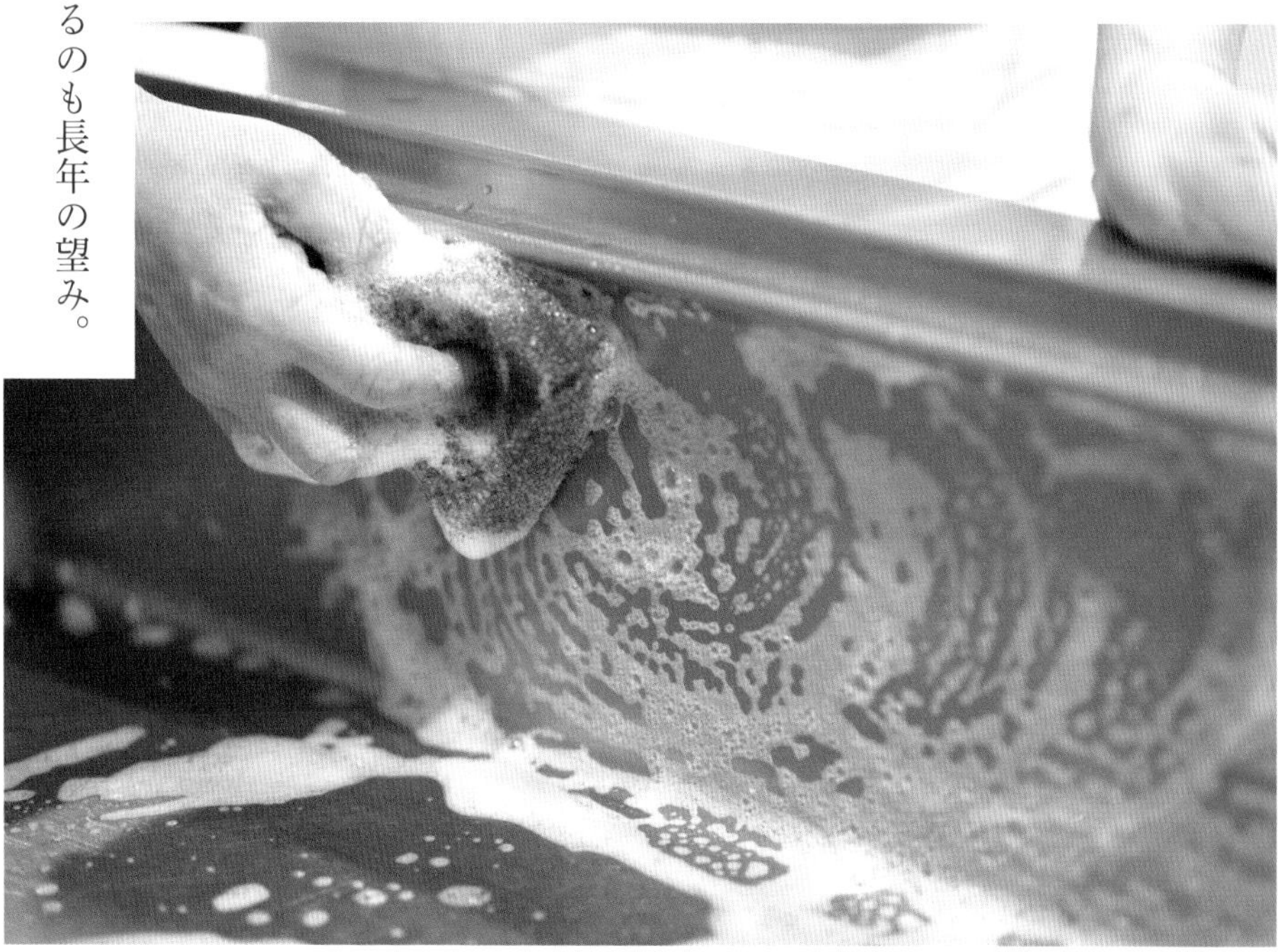

シンクをピカピカにするのも長年の望み。
今、やっと可能に

ごまをする。薬味を細かく切る。
丁寧に調理する時間もできて

自分のためだけにケーキを買う。
こんな時間が、日々が来ることを、
あのころの自分に教えたい

はじめに

子どもたちが巣立ちました。

振り返ると、日々の暮らしは、子育てが軸でした。

子どもたちが成長し、それぞれ一人暮らしを始め、気づけばわが家は夫と二人。

これまでの25年間の生き方とは違った毎日が始まりました。

そんな中一抹の不安！　軸がなくなった私たちはどうやって生きていけばいいのだろう？

そしてこの生活はどうなっていくのだろう？

お手本は？　とじっくりまわりを見渡すと、親世代の生活にヒントがありました。

老いていくことはしかたがないこと。でも、老いを受け入れながら、
二人で子育て中は忙しすぎてできなかったことを楽しんでいけばいい。

そして、私たちの世代感をプラスするなら、仕事も、子育ても無事ゴールした今、
二人はもう〝主人と奥さん〟や、〝お父さんとお母さん〟でなくてもいいのだとも。

そう、これからは楽しくともに生活をする、お互いが「相棒」であればいいのだと。

どちらかがどちらかに過度に頼るのではなく、お互いが生活者であることが大事。

わが家の意識改革がスタートしました。

夫もひととおりの家事ができるようになり、妻は自由に時間を自分のために使え……。

かなり私に都合がよすぎる（笑）話かもしれません。

でも、この先いつ何時どちらが倒れるかわからない。

残る時間は、夫婦でお互いを気にかけるのはもちろんですが、自身の楽しみたいこと、
やりたいことをかなえつつ、自分のことは自分でできる、
いざとなったら一人で生きていける、そんな練習もそれぞれが必要なのだと。

幸い、夫もほぼこの考えに同意（いや、かなり妻の強制。笑）。

そう、わが家のリスタート。

住まいのこと、仕事のこと、家事のこと、親たちのこと、お互いの友達や、趣味のこと。

なんとなく相手まかせで、知らずに、あえて見ずに過ごしていたことを共有しつつ、
お互いを尊重して、でも生活は二人で楽しんでいく。


人生何事も楽しく考えないとね。

そう、それぞれ違って楽しかった20歳代、30歳代、40歳代、50歳代。

だからこの先もまだまだ何かがきっとあるはず。

これからも人生を「楽しむ」そんな自分でありつづけられたら。

そう思いませんか？　皆さまも。

上田淳子

もくじ

＼夫／
このような形で、ところどころに〝相棒〟からのひと言（本音）が入っています。本文とあわせてお楽しみください。

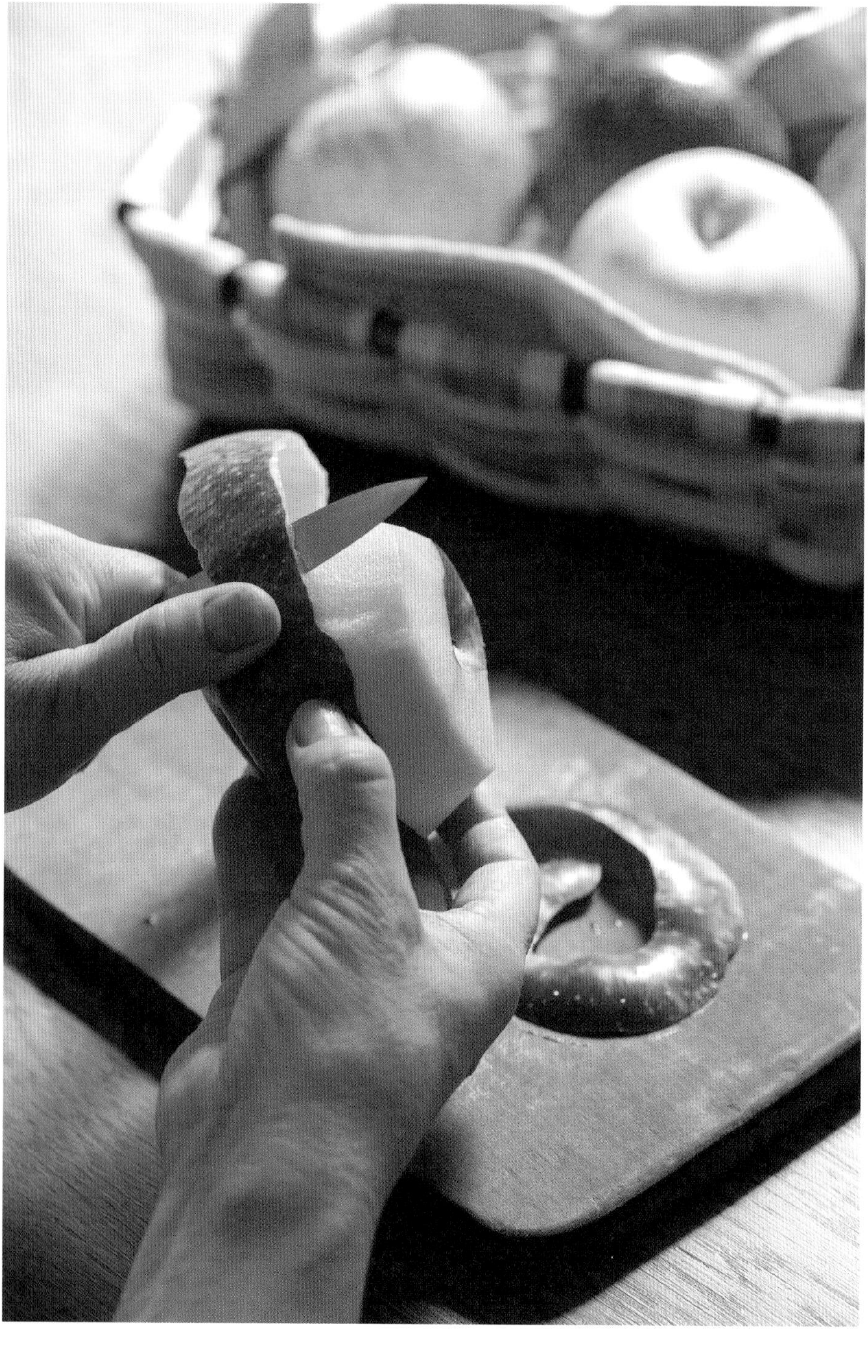

これからの20年、どう生きていく？

私たちは60歳前後の夫婦です。平均寿命を考えると、人生はあと20年以上!? そして、残りの人生とほぼ同じくらいの長い時間を、夫（妻）と一緒に生きていくわけです。残りの20年をできるだけ快適に、楽しく生きていくためにはどうしたらいいか？

一見大げさに思える**「自分のこれからの生き方」**について皆さんは考えたことがありますか？ 私は今まで、夫とぼんやり話し合う程度でした。定年になったら東京に住む意味も理由もないよね？ どこか遠いところで暮らすのもいいね。京都？ 湘南？ 料理修業したパリ？ それとも別荘を持って二拠点生活をするのもありかな〜、など。いまいち現実味のないことを思い描きつつ、内心は今のままの生活がずーっと続くと漠然と考えていたのです。

「ぼーっと生きてちゃいけない！」と思うきっかけはある日突然やってきました。1回目は義母の入院です。この話はまた、別の機会でお話しするとしまして。

2回目が新型コロナウイルス感染症です。今まで夜遅くまで帰宅しなかった夫の帰りが早くなり、在宅勤務も増えてきました。多くのご家庭でもそうであるように、わが家にとってもこの環境の変化は、想像していた以上の一大事！ 一日じゅう夫が家にいる！

自分が今まで培ってきたペースを乱されるのは、ストレス以外の何ものでもありません。夫は夫で、妻のリズムを壊すのは申し訳ないと思いつつも、自分の家なのに勝手のわからない新参者のように扱われ、かなり居心地が悪かったのではないかと想像します。感染症による生活環境の変化は、多くの人を戸惑わせ、**少し立ち止まって自分の人生を考えるきっかけ**になったのだと思います。

料理研究家である私の仕事場は、自宅のキッチンです。雑誌、書籍の料理撮影のときには、数人の撮影スタッフが家にやってきて、一日じゅうキッチンまわりで作業をします。この状況下では、夫はお昼ごはんどころかお茶も水も自由に飲めない……。そして我慢を強いられている夫が家の中にいると思うと、私も仕事に集中できない……。ときどきならまだしも、これが毎日になるの？　それは困る！　どうしよう？

夫の在宅勤務は、この緊急事態期間だけのことではない。これから先の予行演習なのだ。いずれ、いやいやもうすぐわが家に確実に訪れる事態。夫が定年になったときのことを頭の中でシミュレーションし、一人モヤモヤする日々が続きました。

そして私は、**あと数年でやってくる今後の自分たちの生活を、本気で考える**ようになっていました。

夫（妻）相棒化計画⁉

今後の生活を考えはじめたちょうどそのころ、息子二人がそれぞれ一人暮らしをすることになりました。え？　これから夫と、今さらの二人暮らし⁉　息子たちには早々に独立してほしいと思っていたけれど、そうか、二人が同時に……。どうやら本格的に、これからの夫婦二人暮らしを考えるときが来たのかもしれない。

これからの夫婦二人の生活をイメージしてみました。夫婦二人で同じ趣味を持っていたら、楽しく趣味に興じるのもいいでしょう。わが家の場合は、夫はランニングや自転車が好きなアウトドア派（というのかな？　健康オタク？）、私は公私ともに食べること、飲むことが趣味（ときどき山登りもしますが、完全なインドア派）。

夫も飲み食いは好き。じゃあ、一緒に食べ歩きをする？　いやいや、それはもう少し先の話。**それぞれが自分の好きなことをやりながら、ときどき一緒に行動する**。それくらいが、今の私たちにはちょうどいい。仕事だってまだまだやりたいことがある。お互いに好きなことをして生きていきたい。それぞれの交友関係も大事にしたい。とはいえ、もちろん相手の健康は気になるし、元気なことは日々確認したい。

息子二人の独立により、四人グループは活動休止するけれど（今まで同様の活動＝生活ではない、という意味で）、残ったメンバーで新ユニットを

／夫／

妻と再び向き合う!?　その日は少し待ちどおしく、かなりの部分恐ろしい。間違いないのは一つだけ、その日が確実にやってくること。正面から向き合うしかありません。

結成するには、二人でこれからの方向性を決める必要があります。

自宅作業が増えた夫とこれからのことを話す時間ができ、二人の立ち位置がなんとなく決まってきました。それは、お互いの気配を感じながら、それぞれが好きなことをしていく。夫婦二人が対等に生きていく。つまり、**二人のユニットの理想型は、お互いがお互いの相棒になること！**

今までは、夫は外で仕事を頑張り、子育てを含む家のことはすべて私担当とはっきり分かれていましたが、二人きりになって新たな関係性を構築することになったのです。

長年連れ添った夫婦というのはつくづく不思議なものですね。一緒にいると腹が立つこともあるけれど、いないと困る。なんだかんだいって長年やってこられたのは、相手に対するリスペクトがあるからですし、これがなかったらそもそも結婚生活は続かなかったでしょう。

文句を言うのも相手がいちばん甘えられる存在だから。いざというときには頼りになる（きっと！）夫（妻）とは、もしかしたら誰よりもいい相棒になれるのではないか。そうしたら、二人だからこその快適な楽しい暮らしが待っているかもしれない。

こうして、**これからの人生を楽しく快適に生きていくための、わが家の夫（妻）相棒化計画**が始まりました。

リセットのスイッチを押す

お互いの立ち位置を確認し、新ユニットを結成することを決めた（正確には、決めざるをえなかった）私たち。**今まで以上の相棒になるために何が必要か？**　やるべきことはたくさんあるけれど、まずは今回の計画の発端である、仕事場の確保が先決です。

　私は、料理撮影のできるキッチンをどうするか？　今のままでは夫の居場所がない。編集業の夫が家で仕事をするようになれば、作業したり、資料を保管したりするための部屋も必要です。息子たちが独立することだし、子ども部屋を夫の仕事場にしようか？　撮影キッチンのほかに夫のためのミニキッチンをつくってみるのはどうだろう？　つまりはリフォーム？

　二人でいろいろな案を出す中、これって引っ越しをしたほうが早いのではないか？　そんな結論に達しました。

　夫が定年になり、二人とも家で仕事をする。遠い未来と思っていたことが近い将来だと気づき、これからの自分たちの生活を具体的にイメージした結果が「もっと人が集まれる住処《すみか》を探そう」「友達がたくさんいるこの東京でお互いの〝基地〟と呼べるものをつくりたい」だったのです。夫も旧居に不具合を感じていたせいか、引っ越し先を探すことには前向きで、エリア探しにも積極的に協力。自転車であちこち探し回ってくれました。新居候補周辺をランニングすることもあったようです（どんなことも楽しんでしまうのが、わが家の夫らしい！　笑）。

誤解していただきたくないのは、決して皆さんに引っ越しをすすめているわけではないということ。私たち夫婦の場合は、二人とも家で仕事をする都合上そうせざるをえず、引っ越しがいちばんの妙案と思えた。でもほとんどのかたはさまざまな事情から引っ越しはできないかもしれないし、そもそもその必要がないことが多いでしょう。

ただ一ついえるのは、**考え方だけを変えるのは意外とむずかしい**ものです（少なくとも私たちにはむずかしかった）。引っ越しをしないまでも、家の中を**〝今の〟自分たちが使いやすいようにマイナーチェンジしてはいかがでしょうか**。

子ども部屋を、夫または妻の趣味部屋にする。本棚の位置を変える。ダイニングテーブルの向きを変える。それだけでもいいと思うのです。見える景色が変わると、気分も変わりますから。

子どもたちと暮らしていたときと夫婦二人にとっての快適空間は違うのだから、このへんで今までの生活をいったんリセットし、**現在の自分たちに合った生活、スペースやレイアウトは何なのか**を二人でシミュレーションして確認してみることが大切なのだろうと思います。

同じ部屋にいて、それぞれが好きなことをする。この距離感が、今の私たちにはちょうどいい。

〝最高の相棒〟になるためのハード面づくり

今回の引っ越しの最大の目的は、お互いの〝基地〟を持つこと。〝基地〟の役割は、仕事をスムーズに進められることが第一です。加えて、お互いの仕事仲間や友人が、いつでも気軽に遊びに来やすい場所という条件もはずせません。

長年慣れ親しんだ土地からそう遠くなく、みんなが来やすいエリアをしぼり、まずは家を建てることを想定して土地探しが始まりました。ですが、しばらくして、予算内で条件に合う物件を探すことは至難のわざであることがわかってきました。そこで、中古住宅をリフォームすることも選択肢に加えることに。

すると、間口が広がったせいか気になる物件がひょこっと現れました。何においても前のめりな私。思い立ったが吉日とばかりに見に行くと、物件的には申し分ありません（余談ですが、家探しにはすばやいアクションが何より大事。好条件の物件になればなるほど、タッチの差で間に合わないことがあるようです）。前に住んでいたかたがたのお人柄もいい。じつは、中古物件を購入するにあたり、これってかなり重要なんです。この物件は、前のかたが大事に住んでいたのが、部屋の端々から感じられました。駅からもそう遠くなく、環境もよさそうです。私たちが手を挙げなければ別の買い手が決まるのは時間の問題でしょう。

一刻も早く手を挙げたい……。でも……。問題は、かなりの予算オーバーです。悩みに悩んだすえ、「この立地のものはもう出ないだろうな」と思った私は、夫を説得。金銭的になんとかなるかもしれないギリギリのラインにある（つまりは、相当無理をして）、この家を購入することを決めたのでした。夫は言い出したら聞かない私の性格を熟知しているので、賛成するしかなかったようです。

定年前後の夫婦二人の引っ越しでは、ほとんどのかたが家をコンパクトにすることを考えると思います。私たちも当初は、夫の書斎と私の仕事場としてのキッチンが確保できれば充分、と考えていました。マンションに住み、別の場所にキッチンスタジオを借りるというテもあるなぁとも。でも、結局選んだのは四人暮らしのときと変わらない、いや使えるスペース的には、以前より広い。想定外の状況に私自身戸惑いながらも、ここに住みたいという気持ちが止められませんでした。この家なら何かおもしろいことができそう、と直感的に思ったのかもしれません。

今回の引っ越し&新居購入は、私が夫にする、人生で最初で最後のお願いでした。今まで、何かを買ってほしいなどとお願いをしたことは一度もなかったのですよ。あくまで私調べですが。

／夫／

予算の範囲内でぽちぽち探していたら、どかんと大型物件をご提示に（苦笑）。はい、わかりました。あなたは言い出したら聞かない人ですから。なんとかして実現させるのが私の役回りということで。

季節ごとにわくわく仕込む保存食は、
気持ちにゆとりがあるからこそ

ブランデーケーキなど。
日もちしてお酒にも合うケーキを焼くことも

本のカバーのどこかにブランデーケーキのレシピが！

一章 ―― 二人の新たな住まい

「なるべく物を置かない」がコンセプトのリビング、ダイニング。ダイニングセット以外の家具は、「たためる椅子を！」と探したニーチェアくらい。掃除もしやすい。

新居のコンセプト

旧居が子育て中心の家だったのに対し、**新居は夫婦二人が快適に暮らすための家**。今回の家づくりには、私なりの明確なコンセプトがありました。

まず1つは、**お互いの居場所をつくること**。お互いのテリトリーがあり、相手のテリトリーにあまり入らなくてもすむ家は、私たち夫婦の理想型である「気配を感じながら、それぞれ好きなことができる」を実現するための第一条件です。

余談ですが、世のお父さんがテレビの前やリビングのソファにドーンと座っているのは、そもそも自分の居場所がないからなのではないでしょうか。そんな姿を見ると、妻はなぜだか腹立たしくなり、「座ってテレビばかり見ているなら、何かやってよ」と小言の一つも言いたくなる。でも、お互いに好きなことをやれるスペースがあったら、それは解決できるイライラなのかもしれません。

2つ目は、**最低20~30年は暮らせる家**。もし仮に二人のどちらかに何かがあったり、脚が不自由になったりしたとしても、生活がしやすい家にしたい。そのためには、段差がないこと、バリアフリーは必須です。また、生活空間をワンフロアに集約することは、ある意味私の悲願でした。

というのも、前の家はリビングが2階、お風呂場が1階で、洗濯場所が3階という構造。洗濯をするときの不便さといったらありません。1階から

＼夫／

妻にとってはこれが転居の最良のタイミングだったようですが、私にとっては最悪。仕事が質、量ともに重くのしかかり、もう3、4年待ってほしかったというのが本音でした。それでもつきあったのには感謝してほしい（笑）。

洗濯物を3階に運んで洗濯して干し、取り込んだものをまた1階に……。毎日のことと考えると、この縦移動がいかに大変かわかっていただけると思います。このままのつくりでは、老後はかなり厳しいなと思いながら暮らしていました。新居の生活空間は2階ですが、玄関が2階のため、宅配便も届けてもらえる。階段さえ上がって玄関を入れば、生活のすべてができるつくりです。

3つ目は、**掃除がラクな家**。年をとると、どんなにきれい好きな人でも掃除をするのが億劫になると思うのです。目も見えにくくなり、ほこりにも気づきづらくなる。ならば、初めから掃除がしやすい家にしておきたいと考えたのです。新居にある大きな家具は、ダイニングテーブルとベッドのみ。ソファもラグもないため、毎日の掃除が5分で終わります。最近は夫が朝ごはんを作ってくれるので、その間にリビングとキッチン、寝室、洗面所、トイレまで、フローリング用掃除シート一枚でツ～とかけたらおしまい。掃除好きなママ友がよく「朝の5分よ、5分。毎日たった5分掃除すれば、きれいは保てる」と話していましたが、やっとそれが実践できています。

掃除だけでなく、いかにラクに暮らせるか？　は最重要ポイントでした。老後もトイレに行きやすいか、風呂に入りやすいか。老後施設をつくる感覚だったかもしれません。

家族が参加しやすい、L字アイランド型キッチン。妻が作り、夫が器を用意する。新居でのいつもの風景。

bon appet

私のキッチンから二人のキッチンへ

新居でもっともこだわった場所は、キッチンとリビングです。家の中でいちばん長くいる場所だから、光が入りやすいといいな。加えて、清潔に保ちやすくて、動線がよければ言うことなし。これらを念頭に置いて、家づくりや、キッチン&リビングづくりを考えていきました。

前の家のキッチンは、**家族のキッチンであるとともに、私の仕事場でした。**ですから、冷蔵庫には撮影用の材料が入っている状態がほとんど。「食べていいか、必ず確認して！」「きいてくれればよかったのに」と、何度、息子や夫に言い放ったことでしょう。

あちらはあちらで「食べられて困るものにはちゃんと印をつけておいて！」と反論（いつの間にか反論することもなくなりましたが）。冷静に考えたら、もっともな話です。自分の家の冷蔵庫にあるもの、ひょいっと出して食べたくなるのは普通のことですよね。ですが、牛乳、卵など食材一つ一つに印をつけることはむずかしく、またもう1台冷蔵庫を購入することも考えましたが、キッチンに置き場所がないためにそのままになっていました。冷蔵庫の中はいつもギュウギュウで、家族は自分の好きなものを買ってくることもできない……。かなり気の毒な状況だったと思います。**冷蔵庫のことで、家族はいつもピリピリしていました。**

調理器具にしても同じです。私自身の使い勝手がいいようにたびたびマ

＼夫／

旧居がもはや限界であったことは確かです。ここって仕事場？　それとも家族団らんの場？　などと問い詰めたい気持ちをぐっと抑え、何も言わないのが昭和の男の務め……と自分に言い聞かせつつ、表情には感情が出てしまっていたかも。

イナーチェンジするので、家族は「どこに何があるのかわからない！」と不満に思っていたようです。

お恥ずかしい話ですが、わが家のいざこざの原因のほとんどはキッチンまわりのことでした。いつしか、キッチンは彼らにとって入っちゃいけない場所になっていたのです。**旧キッチンは、かなりひとりよがりなキッチンだったと思います**。今になって、家族はさぞ不自由だっただろうな、と反省しきり。**夫が台所仕事を手伝ってくれない原因の一端は私自身にもあった**のかもしれません。

仕事場と家のキッチンを分けたいのは、家族間のトラブルを防ぎたい！という思いからでした。キッチントラブルが多いのは〝料理家あるある〟かもしれませんが、知人宅でも「私のアイスを勝手に食べた！」と娘と夫がしばらく口をきかない事件が勃発したとのこと。頻度の差はあれ、キッチンやリビングなどの家族の公共の場所は、みんなが使いやすい工夫と気づかいが必要なのだと痛感しました。

今度のキッチンは二人のもの。めざすは、**私も夫も使いやすいキッチン**です。もう一度引っ越しをするなんて思いもよらなかった私ですが、もし、次にキッチンを一からつくることがあるなら……と長年思い描いていたのは、ミニマムなキッチン。無駄な動きがいらないキッチンです。

NORITZ
スタート

かがまなくていいので、鍋の出し入れがスムーズ。

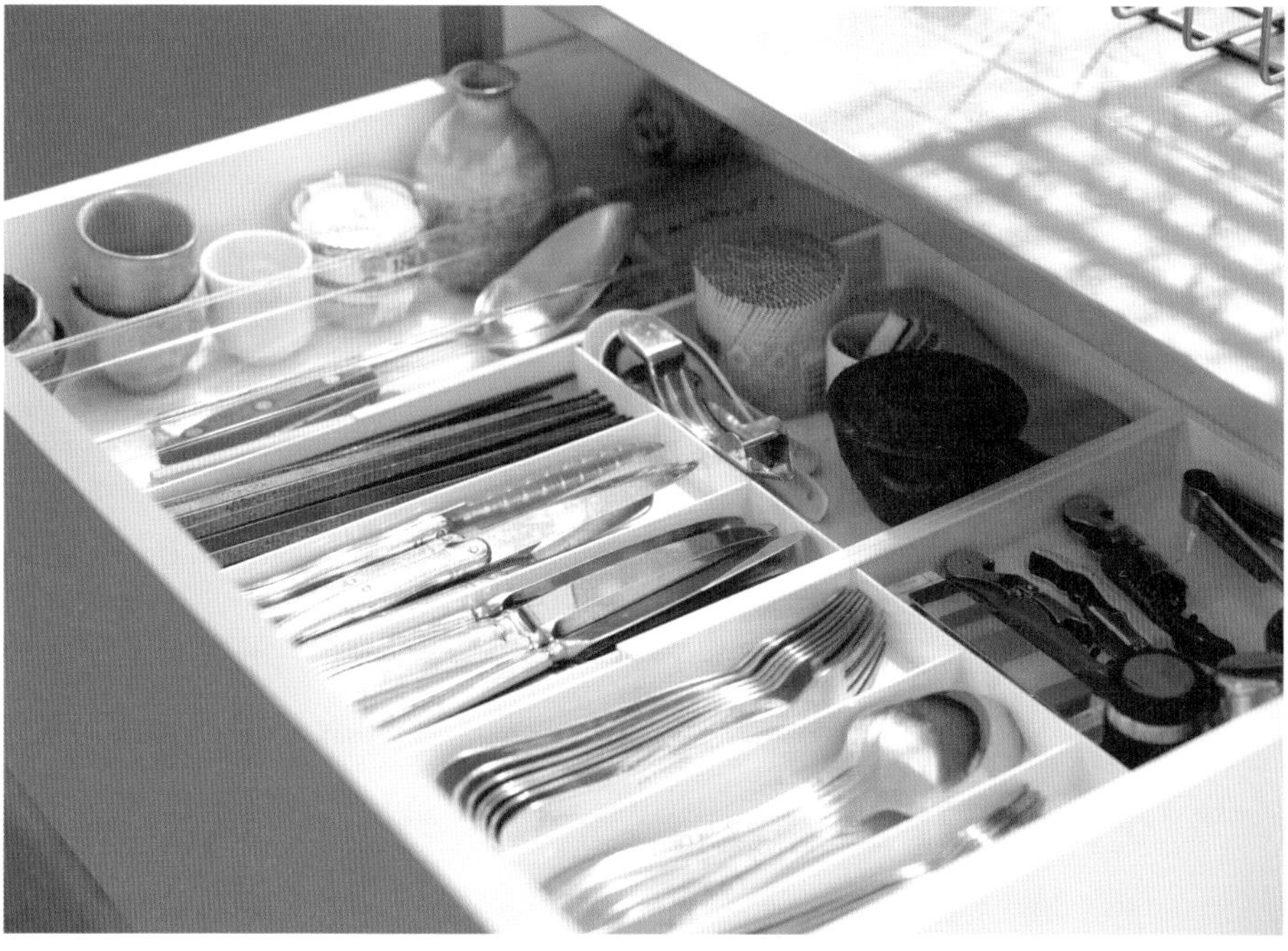

カトラリーはリビング側から取れる引き出しに収納。準備、片づりの手伝いもしやすい。

キッチンは見せる収納で、二人とも使いやすく

完成したのは、動きが最小限ですむL字アイランド型のキッチンです。前の家ではいろいろなものがごちゃごちゃと見えないようにとカウンターキッチンにしていましたが、キッチン側に入るのがややめんどうくさく、回り込まないと必要なものがとれない不便さがありました。

アイランド型にしたことで、逆にちゃんと片づけるようになりますし、何より作る人と作らない人が分断されません。全体をグレーに統一し、すっきりと大人っぽく、でも決して冷たくない感じにしよう……と全体の雰囲気を決めました。

さて、問題はここからです。今まであまり料理をしなかった人にも「何か作ってみよう」と思わせるキッチンにするにはどうしたらいいか？　プライベートキッチンに必要な道具は最低限でいい。ならば、**使用頻度の高い道具だけを残し、物の居場所を一目瞭然にする**。

つまり、見せる収納にしたほうが使いやすいのでは、という結論に達しました。これも、仕事とプライベートのキッチンを分けたからこそできたこと。コンロ前には、鍋やフライパン、ざるなどをつり下げられるバーを取り付け、必要なものがすぐに手にとれるようにしました。これは前の家同様ですが、シンクで使うものはシンクに近い右側に、コンロで使うものは左側にかけ、より使いやすさを重視しました。

そしてもう一つ、絶対譲れなかったのが鍋の収納場所です。年齢的に重い鍋を取り出すのがだんだんしんどくなってきました。**かがまずに鍋をスッととれる高さに収納するのも、新しいキッチンで実現したかったことの一つ**。下のほうに入れてある鍋を「よっこらしょ」と取り出すのは、意外なほどの重労働。毎日のことなので、さっと取り出せるだけでストレスがかなり軽減されます。

キッチンの使いやすさ、快適さは、年齢によっても変わってきますね。お気に入りだった鍋が重くてしんどいと感じたら買い替えどき、取り出すのがめんどうくさくなったら入れ替えどきなのかもしれません。そして、自分にとっての使いやすさもずっと同じとはかぎらない。**〝今の自分〟に合うキッチンは何か？　道具や調味料などの、物の置き場所をときどき見直すことが必要かもしれません**。

もちろん、物の置き場所が変わったときには、家族にちゃんと報告すること！　これを怠ると、再びひとりよがりなキッチンに逆戻りしてしまいます。

こうして、わが家の新キッチンに、夫に「入りにくい」と思わせるものは何もなくなったはず。これからは、家事にどんどん参加してもらうつもりです（笑）。

＼夫／

物の置き場所については、いつの間にやら……ということが今でもときどき（苦笑）。結局は性格の問題なのかも。それにしても以前よりわかりやすいのは、私自身がキッチンによりかかわるようになったこと見せる収納のおかげかな。

年齢とともに小ぶりのお椀が欲しくなり、何十年かぶりに新調。二人で出かけた旅先で購入。

鍋で炊くご飯は、あわただしい子育て中の憧れ。炊きたてのご飯は、それだけで幸せ。

燃焼
危険

引っ越しで手放したもの、購入したもの

25年ぶりの引っ越しは、想像以上に大変でした。捨てたゴミの量も計り知れません。私の住んでいた町では、自分で運べば予約なしで粗大ゴミを引き取ってくれたのですが、友人に大きな車を出してもらった回数が7〜8回。車いっぱいの荷物を何度も運び出しながら、こんなにいらないものの中で暮らしていたのかと、愕然としました。

せっかく気持ち新たに新生活を始めるのだからと、思い切ってソファも電子ピアノもリサイクル業者に引き取ってもらいました。大きな家具を捨てるのは、動かすのも掃除するのもひと苦労です。すっきりして気持ちがいい！　と思う反面、物を捨てるのってある意味とてもストレスを感じます。なんとなくもったいないことをしているような罪悪感もある。ぐったりと疲れてしまいました。

新しい家では、ダイニングテーブルとベッド以外は、本棚やクローゼット、食器棚にいたるまで、すべて作りつけにしました。家に合う家具を探す大変さ、捨てる大変さと罪悪感、地震対策を考えると、**もう大きな家具はいらない**と思ったのです。**ゴミ袋に入らないもの（つまりは、大物）は、よほどのことがないかぎり買いたくない**。

プラスチックの衣装ケースなど、気軽に買えるものは気軽に捨ててしまいます。昔は吟味する時間もなく、急いで買いそろえたものも山のように

ありますが、やっと少し考える時間ができたのです。**生活しながら、よくよく考えて本当に必要なもののみを買いたしていく**つもりです。

これはいい機会！　と炊飯器も使うのをやめました。息子たちのごはん作りに追われていたときは、タイマーがついている炊飯器にずいぶんと助けられましたが、そうでなくなったら鍋でご飯を炊きたいとずっと思っていたのです。ガス火で炊いたご飯は、やっぱりおいしいですから！

買いたした大きめの家具は、一人掛けの折りたたみ椅子くらいです。それも1脚のみ。動かしやすいので掃除がしやすく、とりあえずの物の置き場になりません（ソファがあると、ついつい脱いだ洋服や本などを置きっぱなしにしがちですよね。うちだけでしょうか？）。もう1脚買うかどうかは、もう少し様子をみてから。今のところは、1脚だけでもまったく不自由を感じていません。リビングにはちゃんとしたテーブルもありません。現在、置いている小さなテーブルは夫が書斎用に購入したもの。とりあえずのものですが、今のところこれで充分かな。

そのほかに新調したのは……と部屋の中を見渡しても、ストーブしか見当たりません。ストーブは絶対、鍋をのせられるものと決めていました。冬には豆を炊いたり、煮込み料理を作りたいですから。鍋から出た蒸気が加湿器代わりにもなり、一石二鳥です。

25年分の思い出が詰まった、昔のわが家。
本当にいろいろなことがありました

a / キッチンはカウンター式。回り込まないと入れないのがややめんどう。
b / ダイニングで仕事をし、食事のときは書類をかごに入れて。仕事場がなく、ノマド生活。

c / キッチンの左右に細長いリビングがあるつくり。d / キッチン奥は冷蔵庫1台がようやく入るくらい。もう1台冷蔵庫は置けなかった。e / 旧居のトレードマークの壁面本棚。やむなくのアイディアだったが、なかなかいいインテリアに。

今だから話せる、上田家のえらいこっちゃ話

初めて告白しますが、子どもたちが0歳児のとき、私は育児ノイローゼになる寸前でした。もちろん、子どもはかわいいんですよ。でも突然、孤独感と孤立感と喪失感が同時にやってきて……。

これから私はどうなるんだろう。今までやってきたこと、フランスで学んだことがすべてゼロになる。友人と連絡をとり合うこともできない。今のように、気軽に使えるSNSはありませんでした。自分のために使える時間は数分しかない。これまでは24時間を自分のために使ってきた者にとって、それはとてもつらいこと……。いろいろな気持ちがわ～っと押し寄せてきて、なんともいえない不安感に襲われたのです。

夫は仕事柄、毎日深夜帰り。夜中にミルクをあげたり、朝お風呂に入れたりしてくれるけど、あくまで「僕も暇な時間はやります！」「手伝います」というスタンス。

「手伝う」って!?　それって、私がやるのが当たり前ってこと!?　と怒りでいっぱいになりました。今の時代なら「手伝う」なんて、一発「アウトー！」ですよね。当時、もちろんイクメンなんて言葉もなく、男性の育休制度も整っていない時代なので、しかたがなかった面もあります。

でも、でも！　何かおかしくない？　私から見た夫は、子どもが生まれても仕事のしかたをシフトチェンジする感覚を持ち合わせていないようで

した。今振り返って冷静に考えると、いろいろと手伝ってくれていたのだと思いますが、当時は余裕がなく、そんなふうに見えたのです。それくらい、追いつめられていました。

私の両親は共働きで、父も家事に参加する家でした。なので、ギャップがありすぎたのかもしれません。「もう少し育児や家事に参加してほしい」と何度か夫に不満をもらしたことがありますが、必ず冷静に論破されるのです。言葉では無理！　とメールで訴えたこともありますが、メールでも言い負かされる始末。

そこで、**私はある作戦を考えました**。名づけて**「気持ちポイント化制度」**です。夫が自分だけ遊びに出かけるときに、心の中でポイント化するのです。ゴルフに行くのですか？　はい10点。お稽古事に？　あらそう、はい20点。というぐあいです。

「あなた、それはないよね？」と思った度合いによって、ポイントが高くなるシステム。ポイントが貯まったら、私も好きなことをさせてもらおう!!　ふだん自由にしているぶん、たまに私が出かけても文句は言わせないよ！　と**自分の中で勝手にルールを決めた**のです。このポイント化制度を作ったことで、自分自身がずいぶんとラクになれました。夫に対しても、以前よりは腹が立たなくなったのです。

＼夫／

うーん。当時としてはイケてる夫のつもりだったんですけどね。あるころから子育てや家事について不思議と文句を言わなくなったな、とは思っていたけれど、そういうことだったのね（汗）。こりゃアウトだな。

フランス修業時代のレストランガイド。お客さんとして行ってみたい店を探すほか、修業先を探すことも。

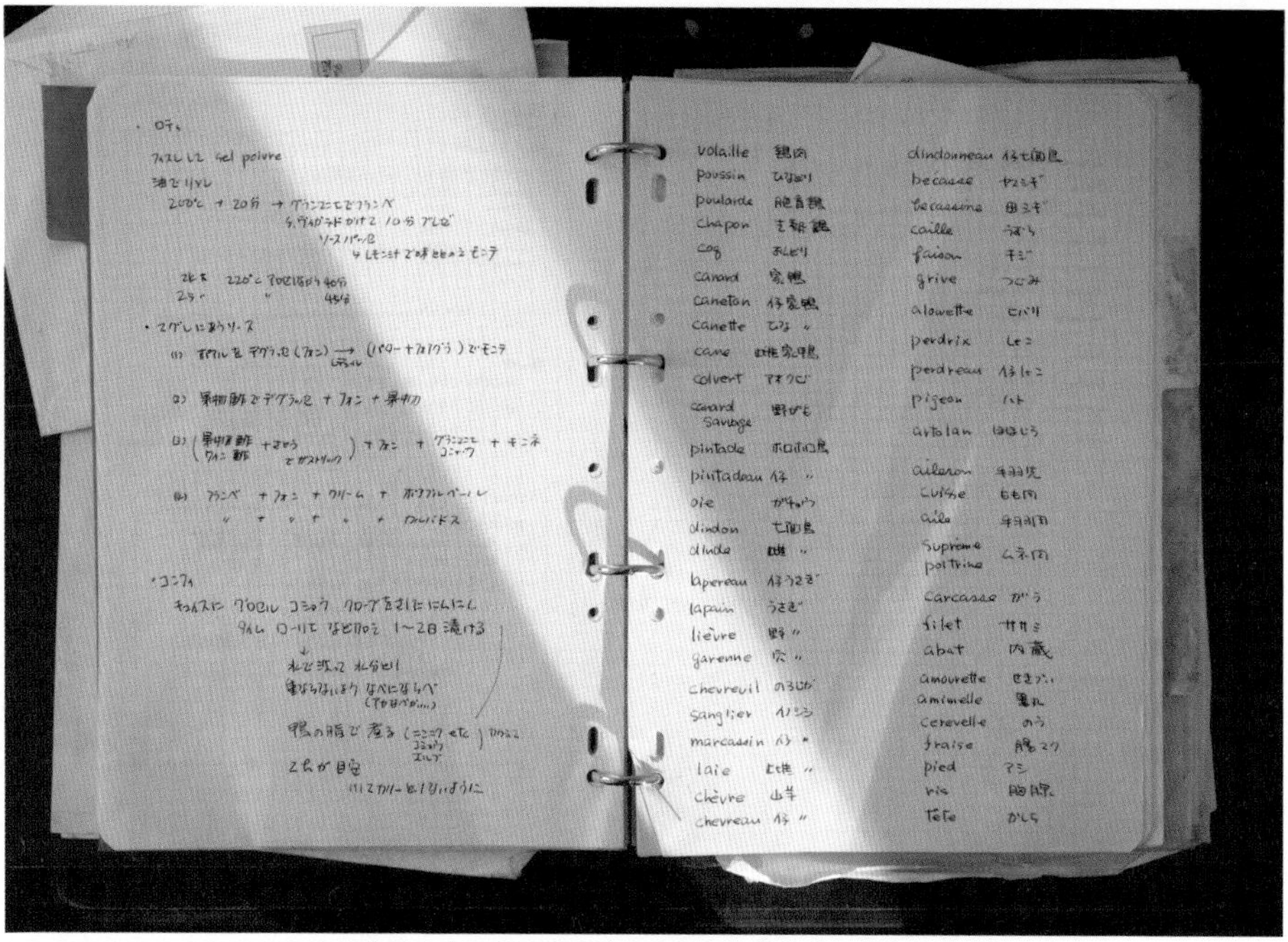

修業時代のノート。日本語で書かれたフランス料理本を友人に借り、必死に書き写して勉強。

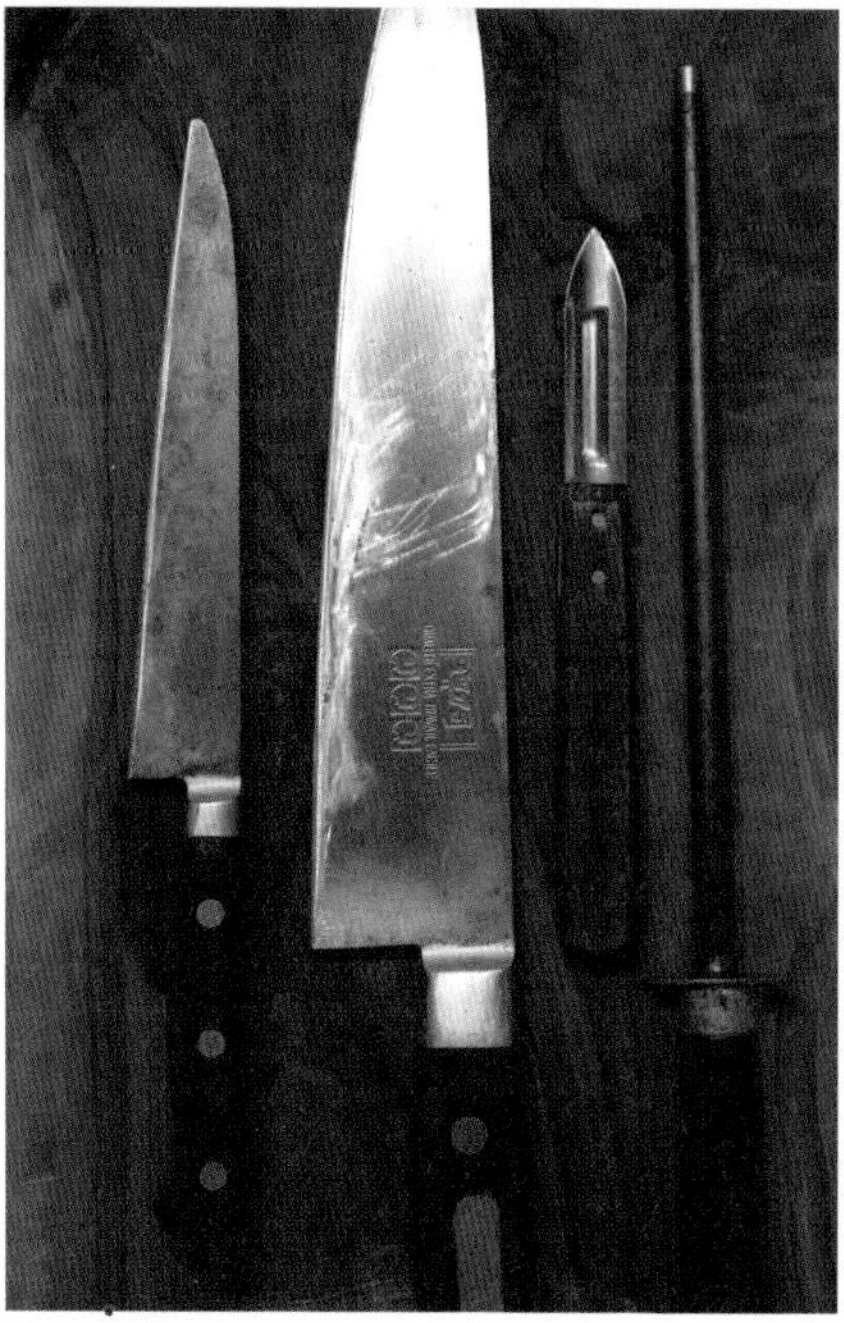

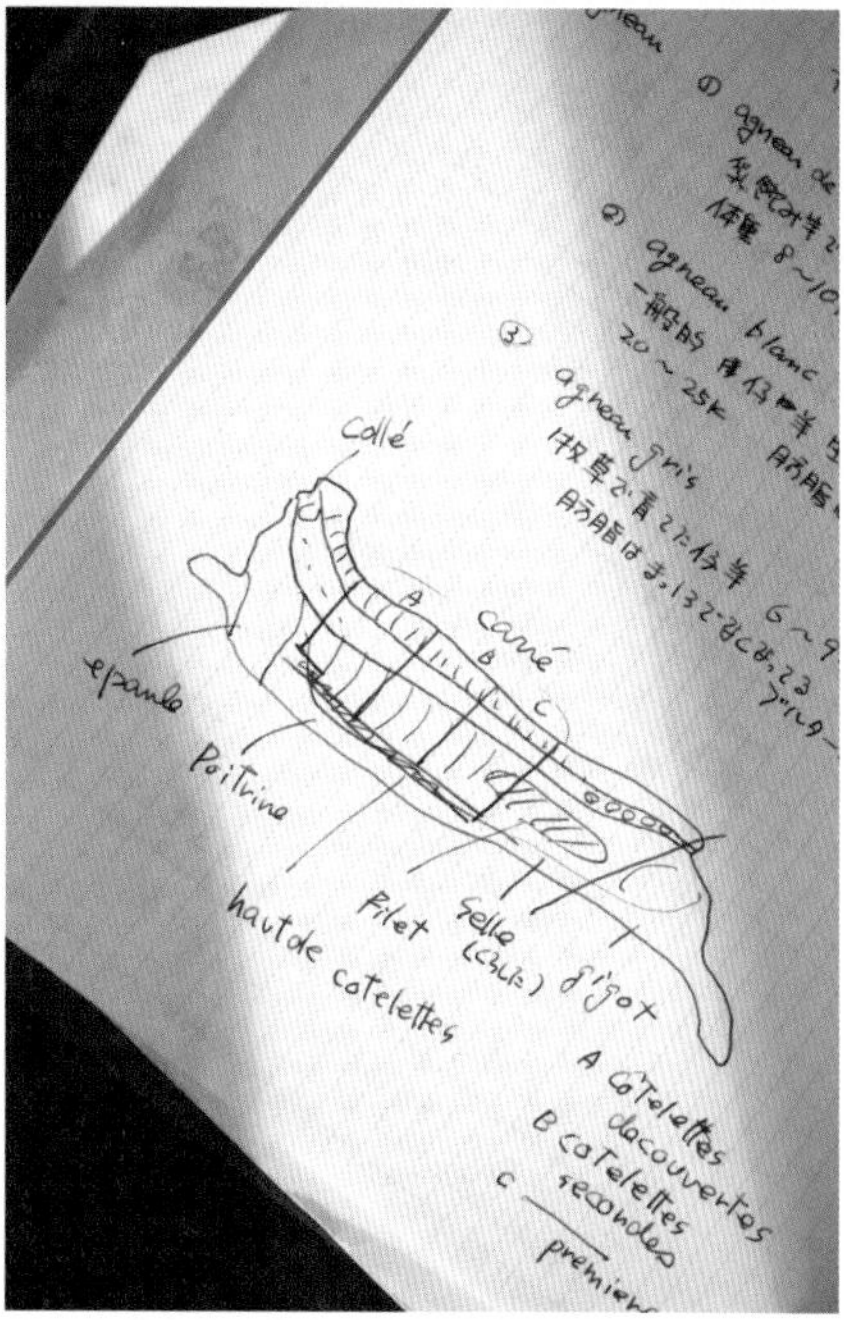

修業時代の包丁は、日本から持参。いちばん右は包丁研ぎ。その左はピーラー。

行き当たりばったり。前のめりな私の料理家人生

少しだけ、私の料理人人生、そして料理研究家になるまでの話をさせてください。

中学、高校のころから、将来の夢は料理人！　クラスメートが『セブンティーン』を読んでいるのを横目に、愛読書は『きょうの料理』。高校のときの部活は家庭科部、短大で進んだコースは家政科。とにかく、中学時代から料理一直線でした。

中学生のころ、「料理を仕事にしたい」と決意させたテレビ番組と出会います。「料理天国」です。同年代のかたはご存じと思いますが、料理バラエティの走りともいえる番組で、世界各国の料理だけでなく、文化や背景を含めて料理を紹介してくれる。この番組を見て「決定的におもしろい世界かも！」と、私は料理に対する興味をさらに深めていったのです。

なかでもフランス料理は、未知の料理すぎて、当時の私にとって夢のまたその先の素敵な世界。パテってすごくおいしいけれど何でできているのだろう？　素朴な疑問から始まり、**フランス料理全般が知りたいという気持ちが芽生えはじめて**いました。

その後、親を説得して調理師学校に進学。「料理人の世界は男性の世界」という時代です。女生徒は学生の1割程度で、彼女たちは料亭や旅館の娘さん、お菓子をやりたい子がほとんど。私のようにフランス料理に進みた

いと考えている人はいませんでした。

調理師学校を卒業しても、料理界への門戸が開かれたわけではありません。フランス料理店に女性採用の枠は皆無。やっと見つけた募集は「クローク なら」というもの。厨房はもちろん、女性はサービスとしてフランス料理店に入ることも許されなかったのです。

結局、就職先が見つからないまま、それならと学校に残り、助手としてさまざまな授業の準備やアシストをする日々が始まりました。調理師学校の職員を続ける中、このままでは私のしたいことはできない。**現地を見たい、現地で働きたい! フランスへの憧れが止められなくなっていきました。**

働きながらも海外へ出るチャンスをうかがっていました。そのかいあって3年目に、学生時代にアルバイトでお世話になっていた長野のペンションのオーナーから、スイスに仕事先があるとの朗報が。ペンションがある町はスイスのグリンデルワルトと姉妹都市。そのつてが使えるかもと、調理師学校勤務中から、ペンションのオーナーにスイス行きのチャンスを探してもらっていたのです。スイスももちろん、私にとっては興味大の国。願いがかなない、スイスの小さなホテルで働けることになりました。

約束は3カ月。その後3年間も日本に帰ってこないとは、両親は想像もしていなかったことでしょう。

スイス、そしてフランスへ

私の**目的はフランスで働くこと。フランスで食を体験すること**。スイスのホテルでの3カ月間の研修後は、明け方から村のパン屋さんで働き、昼は日本人向けの観光協会でお手伝いをしながら、虎視眈々とフランス行きをねらっていました。あるとき、観光協会を運営している奥さんが、パリ在住の友人である日本人女性を紹介してくださり、彼女がフランス行きを後押ししてくれることに。スイスに来て1年弱がたっていました。

やっと夢のフランスです。喜んだのもつかのま。迎えに来てくれるはずの友人（観光協会のご縁で出会った彼女）が、ご家族の都合で急遽日本に帰ることに！　代わりに、一度も会ったことのない彼女の友人が、リヨンに迎えに来てくれることになりました。知らない土地で、知らない人と？　不安でしかたありませんでしたが、無事に会えたときには期待感でいっぱいになっていたのを覚えています。その後、その彼女とルームシェアすることが決まり、フランス語学校に通いながら修業先を探しました。調理師学校時代のフランス人の先生の紹介で、やっとスタージュ（フランスのインターンシップのこと）として、まずは無給で働くレストランがパリで見つかり、その後正式に働かせてもらえることに。スイスは山、パリは街、あとは海だ！　と、さらに南仏のレストランでの修業も経験しました。

私の経歴をざっとお話しするとこんな感じ。とんとん拍子に思えるかも

しれませんが、スイスに行くときも、そしてフランスに行くときも、先のことは何も決まっていませんでした。**かなりの綱渡り人生**です。もちろんお金もなし。**あるのは熱意。それと人とのご縁だけ**。あのときあの人と出会わなければ？　そんなご縁をたくさんいただき、かなえられたフランス修業。本当に感謝しています。

フランスでの2年ちょっとは、私にとっては夢のような時間でした。言葉もそれほど話せず、大変なことは山のようにありました。でも幸い、調理師学校時代にフランス料理用語をシャワーのように浴びていたおかげで、厨房で飛び交うフランス語はなんとか理解できましたし、何よりヌーベルキュイジーヌの進化系を生で見ることができるのはこの上ない喜びです。料理はもちろん、文化、歴史……フランスというもののすべてを吸収したい！　そんな気持ちでいっぱいでした。当時を思い返すときに頭に浮かぶのは、つらいことよりもわくわくしたことばかり。刺激的な毎日です。

フランス料理こそ、自分の進むべき道。その気持ちだけで突っ走ってきました。人並み以上に努力をしたという自負もあります。それが、結婚&出産によってフランス料理の世界とのつながりがズバッと切れてしまった……。その喪失感、絶望感は言葉にすることができません。とはいえ、すべては自分で決めたこと。自分自身でなんとかするしかないのです。

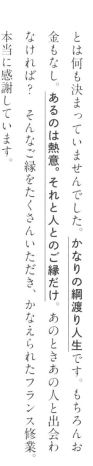

「シェフじゃなくて、主婦《シュフ》だね！」にキレてから

「シェフじゃなくて、主婦だね！」

昔の料理人仲間の心ないひと言に、どんなに傷ついたことでしょう。もちろん、その言葉を発した彼は、主婦として子育てをしている私を見て、深い意味も悪気もなく言ったのだと思います。そうわかってはいても、悔しくて悔しくて……。蹴飛ばしてやろうと思ったくらい。そのときの腹立たしさは今でも忘れることができません。

話はさかのぼりますが、フランスから日本に戻ってきた私を雇ってくれるフランス料理店はありませんでした。その理由はやはり、「女性だから」。フランス帰りの男性シェフがもてはやされる一方で、料理業界での女性の地位はまったくといっていいほどなかったのです。フランスで修業したという経歴もプラスの材料にはならず、むしろどこか生意気に映ったのかもしれません。

世代のせい、結婚のせい、出産のせい。

私の世代には、何かの理由で仕事することをあきらめてしまった女性たちがたくさんいます。女性でも男性と同等にできる職業は増えていましたが、子どもを持つ女性（ママ）ができる仕事の幅はまだまだ狭かった。前走者がいない職業を希望していた人のなかには、仕事をあきらめた人、結婚をあきらめた人、すべてをあきらめずに立ち行かなくなってしまった人、さま

ざまなパターンの人がいるように思います。

さて、フランスから帰ってきてからの私は、知人の紹介でなんとか都内のティールームでシェフパティシエとして働きだし、その間に結婚もしました。夫は「仕事は続けていいよ」というスタンスでしたが、「家のことをちゃんとやれば……」という暗黙の前提があったのは明らか。もやもやしながら、独身時代から自宅で主宰していた料理教室も続けました。

出産後、料理教室を休んでいたとき（育児ノイローゼ寸前のとき）、生徒さんの一人が「双子ちゃん、みてるから、そろそろ料理教室を始めたら」と提案してくれ、出産後5カ月で料理教室を再開。教室に来ていた生徒さんのなかに出版社の編集者がいて、そのつてで子育て雑誌で離乳食の連載を開始→子ども向けの弁当本を出版→子どもがらみの料理を雑誌、書籍で発表→家庭料理、フランス料理をはじめとした料理本などを出版。そんなふうに、料理研究家として歩んで、現在に至ります。

転んでもタダでは起きない！ 離乳食の連載を始めたころ、私はそんな気持ちでした。人生、何事も無駄ではない。当時はそう思いたかったのだと思います。でも、今は心の底から言えます。**すべての経験が今の仕事につながっている**。とても長い寄り道でしたが、寄り道があったからこそ今の私があります。

＼夫／

さほどでもなかった妻の仕事も年ごとに忙しくなり、家事が負担になってきたのかな、とは思っていたのですよ。でも心のどこかに、家事を完璧にこなすのは主婦としての誇りでしょう、くらいの気持ちがあったかも。まったく理解できておらずすれ違っていた部分。

妻の基地

a / 念願のパントリー（収納スペース）。コスト削減のため、ワイヤラックを入れて。ストックヤードがあるからこそ、キッチンをすっきり保てる。b / 私の基地のネームプレート。イラストは夫が仕事でお世話になった安西水丸氏。知り合いのデザイナーに頼んで。

妻の基地、夫の基地

そんなこんながあって（本当にいろいろなことがあって）、私は今、料理研究家として雑誌や書籍でのレシピ発表を中心に仕事をさせていただいています。子育てに関するあれこれから始まった私。20年強にわたる子育ても一段落して、料理家として新たなステージに立ったところなのかもしれません。

私の基地は、1階部分です。ここを料理撮影や料理教室を行えるキッチンスタジオに改装しました。**決めていたのは「人が囲めるキッチン」「みんなが使いやすく、頑丈なキッチン」です**。料理教室の生徒さんが作業を見やすいよう、アイランド式のキッチンにすることがすぐに決まりました。シンク、コンロ、カウンターはステンレス製です。掃除もしやすく、清潔感を保ちやすい。基地の中でいちばんこだわったところです。コンロはガス以外にＩＨも入れ、ガスの場合とＩＨの場合と、温度の違いなどを実験できるようにしました。職場として独立したからこそ、オーブンもガスと電気の両方を置くことができ、実際に使うことでそれぞれのメリット、デメリットをリアルに伝えることができます。

キッチン以外は極力お金をかけずにそろえました。料理教室のテーブルは、材木屋さんである程度厚みのある木材を選んで好みのサイズに切ってもらい、自分でオイルがけ。テーブルの脚は、重い天板をのせても大丈夫なものをネットで探し、椅子はＩＫＥＡで購入。パントリーも取り付け棚は高いので、ワイヤラックを入れる……といったぐあいです。じつは、**キッチンまわりでいちばん欲しかったものはパントリーなんです**。パントリーがあることで、必要なものはさっととりに行け、稼働している作業台やレンジまわりを満杯にしなくてすみます。今まではプライベート兼スタジオのキッチンだったので、仕事が終わるとプライベートで、また仕事で……と終わりがありませんでした。今は仕事が終わったらきれいにしてゼロに戻し、次の日はまたゼロからスタートできる。**プライベートと仕事を分けたことで、急にチェンジする労力が減り、いろいろなことがとてもスムーズ**です。

夫の基地は、３階です。もともと和室だったワンフロアの半分以上を、夫の書斎にしました。夫は文芸書の出版社で長年編集者として働いてきたので、蔵書数もかなりのもの。和室の床の間、仏壇だった壁一面を書棚として活用。今では頼んでもなかなかつくってもらえないであろう雪見障子や網代天井をそのまま生かしました（もとの家主が建具屋さんだったのです！）。そのほか、水道を引いてバーカウンターを設置。今後打ち合わせをする場合も、お茶をいれるくらいなら３階で充分事たります。現在は在宅勤務の日にフル活用。リモート会議も多いようですが、家族に気がねすることなくできると話しています。

／夫／

そもそも、私の基地をつくってもらえるとは思ってもいなかった（笑）。妻の仕事場をつくるのがミッションだったのだけれど、私のことまで配慮してくれたことには素直に感謝です。

a / 壁には趣味の自転車のヘルメット。横には安西水丸氏のイラストを飾って。b / バーカウンターは男の憧れ？ 現在は仕事の息抜きに。今後は、ここで宴会も!? c / 夫のスキットルコレクション。

夫の基地

基地でのもくろみ

お互いの基地ができたことで、プライベートと仕事の気持ちの切り替えもうまくできるようになりました。仕事場に入るとスイッチが入り、プライベートスペースに戻るとオフになる。自宅で仕事をするからこそ、この切り替えが必要なのだと思います。

さて、長年の夢であった基地の話を少し。おかげさまで、現在は料理研究家として忙しい毎日を過ごしていますが、いつまでもこの生活が続くとは思っていません。この基地をつくったのは、じつはもう少し先のことも考えてのことなのです。

私は、この基地を**食を通してみんなが集まる「止まり木」**にしたいのです。**「料理の大事さ」「食べることの楽しさ」を次の世代に伝えていきたい**。ただのスペース貸しではなく、同じ志を持つ人たちに有効に使ってほしい。お互いを高め合えるようなことに使ってもらえたら……。

若い料理家のかたにトライアルの場として貸したいのも、その一つです。そのほか、スタイリストのフリーマーケット、ワインや日本酒のイベント。私自身、料理を教えることが大好きなので、独身時代から続けている料理教室もさらに拡大していきたい。老若男女が集まれるイベントがいいな。こんなことしたら楽しいだろうなー。あんなこともできるかも。今のところ、楽しい妄想が止まりません。もちろん、妄想のままで終わらせず、必ず実現させるつもりです。

先日はフランス在住のフローリストと「ハーブを楽しむワークショップ」を開催しました。彼女はフランス修業時にパリのリヨン駅に迎えに来てくれ、ルームシェアすることになった友人のそのまた友人（今では親友であり、戦友。現在はパリ郊外の農園で働き、ガーデンウェディングの会場の花を手配したりもしています）。誰かとのコラボは、一人で料理を作るときとは別のおもしろみを味わえるひととき。食から少し世界を広げることで、新しいものが生まれるなぁとつくづく感じたのでした。

夫は先日、基地のバーカウンター横にミニ冷蔵庫を設置し、箱ワインを購入したようです。うんうん、あちらも楽しんでいてなにより。何か始めるのかな？　今度じっくり、夫の野望を聞いてみるつもりです。

基地の活動は今のところは仕事が中心ですが、ゆくゆくはもう少し広げて、趣味（私は仕事と趣味の境目があまりないのですが）や人脈づくりの場にもなればいい。

人生の宝は、まわりに友人がいること。**どちらかに何かあったときにも〝ぼっち〟にならないように**、今のうちからお互いに寄りかかりすぎずに、それぞれが夫（妻）以外の精神的なよりどころをつくっておけたらと思っています。そのための場として、基地があります。

＼夫／

バブルを経験した世代ですから、紅灯の巷の楽しさも充分に知っています。それでも、基地はやっぱり楽しい。時間があればこもりたい。はっきり言って今は妻の意欲にあおられぎみだけど（笑）、マイペースで何かを発信できる文字どおりの基地にしていければ。

基地で何しよう！　夫婦対談

夫　そういえば、J・U・Labo（1階の上田妻の基地）での初のワークショップをやってたよね。どんなイベント？

妻　フランス修業時代の友人、西田啓子さんを講師に迎えての「ハーブを楽しむワークショップ」よ。

夫　J・U・Laboの第一回のワークショップにふさわしい人選だね。

妻　キッチンでやるならと、ハーブの飾り方、組み方をご教授してもらいながらフランスのハーブ事情のお話を。私もハーブ料理を提案したのよ。

夫　ハーブの香りに包まれると、気持ちがとても癒やされるの。ハーブの飾り方とハーブ料理？　ずいぶん、オシャレだね。

妻　もうね、大盛況！　彼女のファンの多さに驚かされました。フランスから帰国すると、いつも福岡でワークショップをしてるのだけど、ぜひ東京でも！　とお願いしてみたの。彼女自身、東京での初の試み。

夫　10月にもイベントをしていたようだけど……？

妻　料理研究家のしらいのりこ先生による「ごはんの炊き比べ食べ比べの会」です。3種類の米を羽釜で炊いて食べ比べました。

夫　ご飯の炊き比べ。新米の季節にはぴったりだね。

妻　ところで、今後、基地でしたいことは？

夫　とりあえず、子ども時代に習っていたピアノを再開したいな。

妻　え？　聞いてないよー！

夫　ハハハ、いい趣味でしょ。

妻　ということは、3階は完全なる趣味部屋に⁇

夫　さて、どうしようかなぁ。

妻　ま、それもいいけどね。やりたいことを自由にできるのが、基地の醍醐味だものね。

夫　もちろん、仕事もしますよー。

妻　お！　どんなことかな？

夫　小説講座は続けるつもり。じつは、僕の講座の生徒さんで賞をとった人もいるんだよ。

妻　すごい！　本格的ね。

夫　もちろんです。なめてもらっちゃ困ります（笑）。

妻　小説講座は相変わらずリモートでかな？

夫　それも続けるつもり。で、リアルの小説講座もやっていこうかと。

妻　あら、いいじゃない！

夫　そのときは、1階のJ・U・Laboをお借りしたいのですが。

妻　そういうことなら、快く貸し出しますよ。ただし、前に買おうとしてたホワイトボードや黒板の置き場所は3階でお願いします！（笑）。

／二人／
基地での活動はそれぞれ自由に！　がモットーの二人ですが、お互いの活動にもじつは興味津々。どんな活動をしているか、ときどきこんなふうに話し合っています。

Q　父に直してほしいところ

A　頑固なところ。最近料理を頑張っているようなのですが、母にほとんど教えを請わないそうです（笑）。

Q　母に直してほしいところ

A　酔って椅子の上で寝てしまうところ。カクンカクンと寝るので、椅子から転げ落ちないか不安で酔っぱらえません（笑）。

Q　母さんの料理で好きなもの

A　春巻きが大好きです。春巻き自体も好物ですが、わが家の春巻きはもやしとひき肉がたっぷり入っています。もともとは巻くのが大変な春巻きを簡単に作れるよう、切らない食材だけで作ろうとしたのが発端だそう。もやしがたっぷり入ることでザクザクとした食感が生まれ、わが家の春巻きの定番となりました。

Q　得意な家事、得意な料理はある？　またその理由は？

A　得意な家事（料理）は、卵焼き作りです。僕は緊急事態宣言下の外出自粛期間で、父親と自分の分のお弁当作りをしました。ちょうどいいぐあいの塩加減、白身の混ぜ方、卵の層と層とが離れないようにするための火加減、そして四角形にするためのコツなど、一切れの卵焼きに詰まっている技術と、それを作り上げていた母親のすごさを知ることにつながりました。

Q　嫌いな家事は？　またその理由は？

A　「自分の部屋の掃除」が苦手です。実家で家事をやっていたとき、リビングなどのみんなが使う場所はモチベーション高く掃除を継続できたのですが、自分の部屋についてはまったくその精神が働きません。

Q　父、母の教えで印象深いことは？

A　父に言われた「遊びこそ本気でやれ」です。ふだんから仕事が忙しく、平日は夜遅く、土日も仕事をしていたりする人だったのですが、前述のとおり遊びの日は５時に起きてでも全力で遊ぶ人でした。実際に働きだして、全力で遊ぶことのむずかしさを感じており、目標としていきたいと思っています。

Q　上田家って、どんな家族？

A　「食べることが大好きなだけの、普通の家族」です。特別なことはないのですが、皆で共通しているのは食べることが好きという点。ただそれだけではあるのですが、食卓を囲んでコミュニケーションをとることで、円滑に進んでいった部分もあると思います。

Q　二人暮らしになって、二人（父母）は何か変わった？

A　父が、料理や食に関することに時間を割くようになったと思います。最近は朝食を毎朝作っているほか、プランターで青じそやにらを育てているとか。コーヒーの自家焙煎にも挑戦したと聞いています。仕事が前ほど忙しくなくなった、ということもあると思うのですが、食に関して積極的に行動するようになったのは、大きな変化かと思います。

Q　二人暮らしの二人に贈る言葉

A　たぶん使いきれない食材が出てくると思うので、そのときは言ってください。食いつくしに行きます。

カジオこと上田家長男

お弁当作りが趣味の社会人２年生。新型コロナ感染症による外出自粛期間に上田家の家事を一手に引き受けたことから、「カジオ」という愛称に。日本ビール検定２級。

上田家長男 カジオくんへの一問一答

Column1

Q 一人暮らしになって痛感した実家のよさはある？

A 家事を分担できることです。たとえば一人が会社や学校帰りに買い物をして、その間にほかの人が洗濯物を片づけて……というふうにすることによって、スムーズにいくことが多かったと思います（大学生までは親にほぼやってもらっていたので今さらではありますが……）。

Q 一人暮らしになってよかったことは？

A 好きなものを好きなタイミングで食べられることです。ときには、肉をひたすらに食べたい日もあります。そんなとき、人目をはばからずドカ食いをするのはけっこう楽しい時間です。最近は、どうしても仕事で抜けられないけれどおなかがすいてしかたがない、そんなときに、白ご飯にマヨネーズと焼き肉のたれをかけて食べるという、悪魔的な食べ方をしてしまいました（笑）。

Q 今はどれくらいの頻度で実家に来る？

A 月１回程度のペースで帰ってきています。特に用事がない土日など、暇だし顔出すか～という気分で帰っています。お気に入りのカフェに行く感覚に近いのではと思っています（笑）。また、家にあるキッチンスタジオでイベントをするときや、宴会をするときもあります。

Q 引っ越しをする、と聞いたときどう思った？

A 素直に驚きました（笑）。ただ、理由を聞いて納得もしました。自分もサケオ（弟）もそのうち家を出るとなると、余り部屋も出てくる。住み替えて新しい生活に合わせるのは、理にかなっていると思いました。

Q 前の家を片づけるときに思ったことはある？

A 純粋に物が多いと感じました。なにしろ、生まれてからのものがすべて残っているので、整理するだけでも時間がかかりましたし、なかには思い出の品もあります。これは捨てるのか、捨てないのか、という葛藤があり、とても悩みながら整理を進めていった記憶があります。

Q 家で撮影などの仕事をする母の姿を見て、思うことはあった？

A 以前は、正直なところそれほどすごいとは思っていませんでした。就職して、自分で仕事をするようになってから、今のようになるまでにはいろいろな苦労があったんだろうということを実感しています。母とは違う仕事をしてはいますが、ハングリー精神というか、根性的な部分は見習いたいと思っています（笑）。

Q うちの父はこんな人

A 「ザ・昭和の仕事人間」。仕事に全力で打ち込むとともに、遊びにも全力投球する、いい意味でオンオフハッキリしている人だと思います。

Q うちの母はこんな人

A 「転んでもタダでは起きない人」。就職や仕事の面で苦労したことも多いと聞いていますが、自分が置かれた状況で何ができるか、何をしたらおもしろくなるかを常に考えている人だと思っています。

Q うちの父さん、ここがすごい！

A 仕事が忙しい中でも、遊びには全力で打ち込むところ（土日は朝５時起きで遊びに出かけることも）。

Q うちの母さん、ここがすごい！

A 単身フランスに行くという気合とド根性。

二章——妻と夫の家事シェア

家事シェアしたい、そもそもの理由

そもそも、なぜ私が家事シェアしたいのか？　まずは、その話から。

夫は、基本的には家事は何もしないタイプでした。学生時代から一人暮らしなので、料理も洗濯もできないわけではない。でも、彼の中で料理はデイリーなものではなく、あくまでホビー。スパイスやギーを買ってきてカレーは作っても、家族のためや自分一人のときのお昼ごはんにチャチャッと作ろうとは思っていない（少し言いすぎてたら、ごめん）。名づけて、ホビ夫だったのです。

夫世代（現在、60歳前後）の人には亭主関白が多く、「妻は家を守るもの、夫は外で稼いでくるぜ！」という考えを持つ人々の、最後の生き残りではないでしょうか（ママ友と話すたびに思うのですが、このタイプの夫たちのなんと多いこと！）。

同じような親世代の背中を見ながら何十年も生きてきて、なかなか考えも生活も、時代に合わせて上書きできずにいた。忙しく働いている最中は、そんな余裕もなかったのだと思います。

私が夫に家事シェアをしてほしい本当のねらいは、〝もしも〟の場合を考えてのことです。もし、私が倒れたら……。どちらかの親の介護をする事態になったら……。

私が不在のとき、夫はどうやって生活していくのだろう？　食事は

＼夫／

月に1回、両親（90代）の遠距離介護で帰省しています。俺が帰って何ができるんだろう、と不安もあったけれど、炊事をして掃除をして……といった家事がひととおりこなせるのは、妻の教えがあってこそ。ありがたいことです。やればやるほど要求レベルが上がるのはつらいのだけれど。

１００％外食になり、掃除もしないだろうから家はゴミ屋敷化し……。洋服はもちろん、下着さえも自分で買おうとしない夫は、見るも無残な姿になり、そうなったら誰も寄りつかず、一人寂しい暮らしを……。

途中から話が飛躍しすぎてしまったのは否めませんが……つまり、とにかく！　今のまま、私が家事をすべて担っているのは、非常にマズイと思ったのです。

どちらかが欠けても、もう一人がフォローできる。そんな状態をつくっておきたい。考えたくはないけど、でもいつまでも二人とも元気とはかぎりません。家事シェアは決して私がラクをするためではなく（もちろんラクしたい気持ちもなくはないですが）、**どちらかが一人になったときにもちゃんと生きていくための取り組み**なのです。

どんな夫婦にも考えられるリスクではありますが、お互い60歳前後ともなると、よりリアルに、まじめに、考えるべき問題。今のうちから準備しておかないと遅い！　と思ったのです。

もちろん、今すぐに５：５の家事シェアを求めているわけではありません。まずは妻：夫９：１くらいから始め、少ししたら８：２になって、７：３↓６：４↓５：５と、徐々に二人の分担が同じくらいになったらいいなぁ。そんなふうに考えています。

夫婦間では伝え方が10割!?

なんだかベストセラーのタイトルのようになってしまいましたが……。何十年か夫婦をやってきて悟ったことがあります。**「わかってよ！」「察してよ！」は夫婦間では通じません。25年以上一緒にいても、あ、うんの呼吸なんてないのです。**

レストランの修業時代は、ある意味「察する」のが仕事でした。シェフがやろうとする作業を先回りして、食材や道具を準備する。次に必要なものをあらかじめ「察する」ことこそが仕事（アシスタントとしての真骨頂）という世界で生きてきました。そんなわけで、私は相手が次に何をしてほしいかを察し、先回りするのが得意でした。自分が得意だからこそ、相手も察してくれるだろうと淡い期待を抱いていましたが……考えが甘かった！そんなのは自己中心的な考え方でしかありませんでした。こと、夫婦においてはまるで通じません。やってほしいことは口に出して言わないと伝わらない。そして、伝えるときにはできるだけ具体的に言ったほうがいい。正確には、**具体的に言わないかぎり伝わりません**。

夫は玄関にその日出すゴミが置いてあっても、またいで出かけるようなタイプでした。ずいぶん後になって、ゴミの仕分けがわからない、生ゴミのにおいが大嫌いなことから、ゴミ出しには一切関与したくないと判明。ゴミを出してほしいから置いてあるのに!!　でも、そんな理由があるなんて

＼夫／

職場では言えるけれど妻には言えない。それが普通だと思えるようになりました。全人的なつきあいをしているからこそややこしかったりする。タイミングを見て話をするなんて、こっちはもうずいぶん前から実践してるんだけどな（笑）。

聞いてみないとわかりません（生ゴミのにおいが嫌いなのは万人共通なので、聞いたとしても却下したかもしれませんが）。向こうも、私の気持ちはわからないのです。

昔は夫が家事をしてくれないことではなく、「察してくれない」ことにイライラしていました。なぜ察しないの！　と。あるとき気づきました。わが家の夫は察しない人である。ならば伝える努力をしなくては。でも、この伝え方が何よりもむずかしいんですよね。上から「これやって！」と命令するのではあちらが気分が悪いし、かといって「お願いします、やってください」と私がへりくだるのも、なんだかしゃくにさわります。というのも、そもそも私の仕事でなく、こちらが自主的にやってきたことばかりなのですから。

いまだにはっきりとした答えは出ていませんが、最近思っているのは、**伝えるのって伝え方もあるけれどタイミングも大きい**ということです。気持ちに余裕があればこちらの言い方もキツくならないし、相手も余裕があればすんなり受け止めてくれることも多いのではないでしょうか。まわりの同世代の友人のなかには、夫に伝えることを完全にあきらめてしまった人もいるけれど、でもでもまだあきらめたくはありません。

皆さんはどうやって、夫（妻）に希望や要望を伝えていますか？

夫、朝ごはん作りを買って出る！

「せっかく新しいキッチンになったのだから、明日から朝ごはん作ります」

新居に移ってきてほどなくして夫が言いました。食事は私にまかせっぱなしだった夫が!?

きっかけの1つは息子のカジオ化!?　カジオというのは、わが家の長男の愛称です。彼が社会人になる前の1年間、大学の単位をすべて修得し、とても暇にしている時期がありました。新型コロナウイルス感染症による自粛期間のため、外出できずに家で毎日ダラダラ……。

そんな息子を腹立たしく思った私が「暇なら、家事をやって！」と叱咤したのが事の始まり。息子が朝ごはんをはじめとした家事全般を担うようになり、さらには自分と父親のお弁当を作りだしました。やっているうちに本人も楽しくなってきたみたい。いつしか彼は、わが家で「家事男（カジオ）」と呼ばれるようになりました。そんな息子を見ていて、自分も何かやらなくちゃ！　と、夫は焦りを感じたのかもしれません。

2つ目は、夫は「トレンドを追え！」という世代（世代でくくって申し訳ないけれど、そういう人が断然多いと思います）。家事シェアがトレンドの時代に、忙しそうに家事をする妻を横目にドカッと一人だけ座っているのは居心地が悪い。なんてったって息子たちがいないのです。一人だけ座っていては目立つし、**家事をやったほうが家庭の風通しがよくなる**!?　と考えたのかもしれません。ナウでホットでいたい夫は、家事ができる「イケオジ」になりたいのではないでしょうか。

3つ目は、夫の父親の影響も少なからずあるのでしょう。義母が数年前に病気をしたこともあり、義父が朝ごはんを作るようになっていました。おやじもやっているならば、と思ったとしても不思議ではありません。

すべて私の憶測にすぎませんが、いずれにしても**夫の意識が少しずつ変わってきた**のはうれしいかぎりです。

朝ごはんを作りはじめたころは、正直「え？」と思うこともいっぱいありました。鍋いっぱいのみそ汁!! うっわっ！ 3日分ですか？ しばらく飲みつづけるのですか？ 思わず口から出そうな言葉をぐっとのみ込み、その後も決して余計な口は出さないよう努めました。**教えもしないけれど、決してけなさず、ときどきほめる**。せっかくの夫のやる気をそがないためには、そんなスタンスがいちばんです。

引っ越して1年近くたちましたが、現在も夫の朝ごはん作りは続いています。野菜、卵料理、たんぱく質（ハムなど）、トーストにコーヒー、の洋食の朝ごはんが定番。最近は、トーストがピザトーストになることもあります。和食のときには、ご飯にみそ汁、常備菜……。味も手際も、少しずつ上達しているようです。

＼夫／

朝ごはん作りの友はクックパッドだったりクラシルだったり。素直に妻にはきけないのだけれど、きけばたちどころに霧が晴れるような答えが得られるのは助かります！

まかせたら目をつぶる、妻の覚悟が大事

このままではいけない。居心地をよくするため、家事シェアをせねば！　切実なのは、じつは妻ではなく夫のほう（たぶん、絶対！）。今まで、自分は仕事を、妻は家事を頑張ってきた。夫の定年後も妻の立ち位置は何ら変わらない。生活が大きく変わるのは、間違いなく夫のほうなのです。

〝妻の城〟状態の家で、居心地よく暮らすためには家事を少しずつ請け負っていく必要があるし、時代遅れの頑固オヤジになりたくない。でも何をしていいかわからない。とはいえ、下手《したて》に出るのはイヤ……。これこそが夫の本音ではないでしょうか（夫の心理に関しては、「夫、朝ごはん作りを買って出る！」もあわせてお読みください）。

夫が焦りを感じているようなら、妻のやるべきことは一つ。夫に家事を振り分けましょう。夫にやってほしいこと、自分が苦手としていることでもいいと思うのです。**何かしらの家事を託してみる。そして、場所を明け渡す。**料理や洗いものなどのキッチン仕事をするなら、その時間はキッチンを明け渡しましょう。

息子がカジオになったとき（家事をするようになったとき）に言われました。「自分なりの方法でやりたいから、ゴールだけ教えて！　途中のやり方は好きにさせてほしい。最初は失敗しても、ある程度は大目に見てほしい。見逃してほしい」と。そうか！　家事をまかせるとはそういうことな

のだ。**ミッションを伝えたら、あれこれ口を出さない**。目をつぶる。自分のやり方を押しつけず、終わりよければすべてよしとする。

もう一つ、カジオに気づかされたのは、その家事をなぜやるかの理由を明確にすること。たとえば、生ゴミはちゃんと捨ててね、そのままにしておくと臭くなるから。シンクもちゃんと掃除しよう、水あかや野菜のアクが残るから……というぐあいです。

彼らは「なぜそうするのか」の理由さえわかれば、きちんとこなします。逆に、作業の理由を伝えないと忘れてしまいがち(やるにも、やらないにも、彼らなりの理由があるみたい)。

一個人として尊重し、**手伝ってもらうのではなく、その仕事すべてをまかせる！** 人に仕事を託すときの心得を、それまで何もやらなかった息子から教えられました。たしかに、自分がその立場だったとしても、やっている最中に「あーして、こーして」「そのやり方ではなく……」と口を出されたら、途端にやる気がなくなりますよね。

妻も自分を棚に上げて、夫にだけきちんとやってもらうのはなし。散らかった台所を渡して「使ったらきれいにしといて」ではなく、きれいな状態で渡し、もとの状態に戻してもらう。そして、機嫌よくやってもらう。家事シェアには、妻の覚悟が必要なのです。

見えない家事を見える化する

「家事って料理、洗濯、掃除だけかと思っていたら、細かい仕事がたくさんあるんだね」

これも、カジオが家事をしはじめたときの言葉。ハッとしました。毎日家事をやっている人なら、ゴミを捨てる前にはゴミをまとめる作業がある、ペットボトルはラベルをはがしてサッとゆすがなくちゃいけない、歯磨き粉やシャンプー、洗剤などはなくなる前に補充する……など、小さな家事がいくつもあるのを知っています。でも、驚くべきことに、この事実を知らない？　いや、気づいていない人もいるのです。あらためて考えるとわが家では、息子二人も、夫もそうでした。

日用品の買い出しは、頼めばやってくれるけど頼まれないとやらない。なくなったら自分たちが困るのだから、その前に買っておくのは当たり前でしょ！　なのになぜこの人たちは……と思っていましたが、そのわけがわかった気がしました。彼らは、誰かが補充していることにすら気づかない（正確には、考えたことがない）のです。魔法じゃないんだから！　と思いますが、そんなものなのです。

ママ友のなかに「うちも！」と激しく同意するかたがいて、そのご家庭では最近、買い置きするものの担当を決めたそう。誰でも買えるようなもの（何を買ったらいいか悩まないもの）は——電球は夫、歯磨き粉は長男、洗

剤は次男——彼らが責任を持って在庫管理をする。担当を決めたところ、三人ともしっかり任務をまっとうしていると話していました。

小さな家事は見えにくい家事です。**見えにくい家事、見えない家事は見える化しないと、いつまでたっても気づいてもらえません**。ならば、**見えるように項目を書き出してみましょう**。おすすめは、風呂、トイレ……とスペース別に列挙し、買い置きアイテムもつけ加える。家事シェアをするために必要な作業です。

見える化の目的は、あくまでやるべき家事の把握です。大事なのは、**どんな作業があるかをわかってもらう**こと。やってほしいリストを作るためではありません。いきなり全部をやってもらうのは、ハードルが高すぎますから。何事も少しずつ。焦りは禁物。ゆっくりいきましょう。

そして、夫（や子ども）には、**お願いでも命令でもなく、みずから担当する内容を選んでもらいましょう**。ここがポイント！「自分が選んだ」という自覚を持つことで、自分のミッションへの誇りと責任感も持ってもらうのです。

見えない家事の見える化は、どちらかに何かあったときにもう一人が困らないための、転ばぬ先の杖です。

妻と夫の得意分野・不得意分野

息子や夫が家事参加をするようになって気づいたのです。あれ？　息子や夫のほうが得意な家事ってあるかも、と。

たとえば、風呂掃除。大ざっぱなところがある私が掃除するよりも、徹底的に隅から隅まできれいにしてくれます。トイレ掃除、窓拭きもそうです。家事ってこまごまとしたことが多いから、妻のほうが得意と思い込んでいたけれど、**案外夫のほうが得意な家事もあるんですね**。これは発見でした。

もし、夫の得意分野を見つけたら、思いっきりほめましょう。そうしたら、夫もその気になって「僕がやったほうがいいよね！」となるかも。そうなればこっちのものです。

最近になり、もう一つ気づいたことがあります。今回引っ越しをするにあたり、お金の話をしていたときです。家のローン、車検、税金、保険……。あれ、私何も知らない。お金にまつわるほとんどすべて、夫にまかせていたんだ。

新居購入にしても、共同購入とはいえ、いろいろな代表はあちらです。そういえば、今回の不動産屋さんとの交渉も夫でした。夫もいわゆる〝家事〟ではない家の中のことを、いろいろとやってくれていたのだな〜と、今さらながらに感謝。知人にそんな話をしたところ、「わが家もそうだわ！」と目を丸くし、さらには「夫に対して何もやってくれない！　と腹を立てていたのが申し訳なくなってきた」と反省していました。わが家と彼女の家では金銭面でしたが、よくよく考えてみると、妻の知らないうちに夫がやってくれている〝家のこと〟があるかもしれませんね。

私たちは自然に、得意分野・不得意分野を分担していたのでしょう。けれど、夫が家事に参加してみなければ、わからないこともあります（わが家の風呂掃除のように）。また、結婚生活うん十年の今では、ともに生活を始めたばかりのころに比べて、お互い変わっている部分もあるはずです。これはあなたのほうが得意かも、やっぱりこれは私のほうが得意だね。それがわかれば「得意なほうがやればいいいんじゃない？」という考え方に変わってくるかもしれません。

とはいえ、家事シェアに関してはわが家はまだまだ発展途上。まずは、**お互いが不得意と思っていることにもチャレンジしてみる。話はそこから。**家事の比重も、夫に今までよりも時間ができるのであれば、もう少し比重を多くしてもいいよね？　と思うんです。分担を決めるか、当番制にするか、はたまたほかのルールを作るのか。

時間ができた今だからこそ、**わが家なりのスタイルをこれから見つけていこう**と思っています。

ジャンケンで決める家事もあっていい！

「ジャンケンで3回勝った者が、食器洗いの権利を得るものとする」

かなり仰々しく言ってみましたが、これはわが家の食器洗いのルールです。息子たちが高校生になったころ、家族四人全員がいる日曜日の夕食の後片づけは、いつも母がやるのではなくジャンケンに勝った人がするのはどう!? と私が提案したのです。

ジャンケンで勝った人……というのが、このルールのミソ!! **ジャンケンに負けたうえに食器洗いをする**のはかなり悔しいけれど、ジャンケンに勝ったという喜びを味わいつつ食器洗いをするなら、まだあきらめがつくのでは!? と考えたのでした。勝った人には「おめでとう!!」と皆で盛大な拍手を贈り、気分よく（？）洗いものをしてもらいます。

ジャンケンやくじ引きなど、くだらないけど公平性のあるものは、コミュニケーションをとるのに最適。誰もがやりたがらない家事にこそ、この方法はおすすめです。

何を隠そう、このジャンケンで圧倒的な強さを発揮するのは夫。つまり、かなり高い確率で、夫が洗いものをしています。どんな勝負でも、「勝負と名のつくものは勝たねば！」と思ってしまうみたいです（笑）。

さて、ここからは「夫に家事のしかたを伝授したい」ときの作戦です。夫

／夫／

二人暮らしになってジャンケンもしなくなり、食器洗いはおおむね私の役割に。とはいえ妻は横で拭いたり片づけたり、じっとはしていません。それにはこんな理由があったのですね。知らなかった(笑)。

は今まで仕事が忙しく、家の中で妻がどう動いているのか（どう家事をしているか）をあまり見る機会がありませんでした。そこで、あえてオーバーアクションで家事をしてみる！「これはね〜、こうやるのよ〜」と念じながら、できるだけ動作は大きめに!! 食器を洗ったら、ふきんを洗い、シンクの掃除をして、キッチン全体をきれいにする。そうした一連の流れを、**いちいち言葉で説明するとカドが立つので、行動で示す！** これに限ると思っています。

また、夫の基地の掃除はすべて自身にまかせるようにしました。「変にさわられると困るだろうから、掃除は自分でね。ゴミ捨てもよろしくー」と私はノータッチ！ すると、夫は基地専用のハンディクリーナーやフローリング用掃除シートを購入し（形から入るタイプ）、せっせと掃除をするようになったのです。

で、やってみたら、フローリング用掃除シートはほこりやゴミが取れているのが目に見えるため、「達成感がある！」と。さらには、ときどきリビングの掃除もするようになりました。今まで掃除機を使ったのは、車の中と、自分が器を割ってしまったときだけだったのに!! 自分の基地を持つメリットがこんなところにも表れるなんて！ 心の中で、にんまりが止まらない私です。

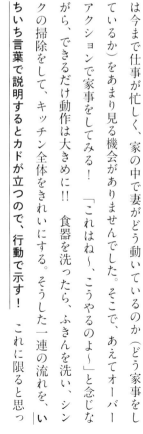

新居に越してきてから、夫が朝ごはん作りを担当。1年近く続けているので、もう手慣れたもの。

コーヒーには昔からこだわりがある夫。丁寧にいれたコーヒーで、気分よく一日がスタート。

ググッても出てこない、夫の（妻の）トリセツ

どんなに長年連れ添ってきても、相手のことは半分も理解していない気がします。よくわかっているのは食べ物の好みくらいでしょうか。

5年くらい前に、わが家の夫は「やると決めたらとことん継続するタイプ」と判明しました。私がどうにもこうにも忙しいときに、試しに段ボールや雑誌のゴミ出しをしてほしいと伝えたところ、そのミッションをいまだに継続中。今では、段ボールのゴミの日に自分の出張がぶつかると、事前にまとめて「悪いけど、出しておいてくれませんか」とこちらに頼んできます。やりはじめたらまじめにきちんとやる性格をもっと早く知っていたら、ほかにも……と後悔しきり。こんなふうに、あるときひょっこり相手の性格を知ることが、結婚生活が25年以上たった今でもあります。

そこで提案です。**お互いに自分のトリセツを作ってみませんか？**　私はじつはこういう人間ですと。

「ドラマを見ているときは、話しかけないでください」「機嫌が悪そうなときにはワインを一杯くれれば、数分で直ると思います」……。自分がされてイヤなこと、うれしいこと、毎日やらないと気がすまないクセを相手に伝え、相手からも聞き出す。知らなかったらカチンとくることも、**あらかじめ本人から申告されていたら、案外あきらめがつくもの**です。

もちろん、トリセツとして紙に書いて渡せたらベストだけど、なかなか

気恥ずかしいし、むずかしい。ちょっと大げさだし。ならば、やはり口頭で伝えてみましょう。

ググッてもヤフッても（インターネットで検索しても）相手のトリセツは出てきません。夫婦でも会話をすることでしか、わからないことがたくさんあるのです。取扱説明書を読めば機械が使いやすいのと同じで、夫（妻）のトリセツがあれば、お互いの気持ちを大切にする方法がわかるようになるのだと思います。

最近、夫婦間で大事だなぁと思うのが、お互いの距離感です。わが家は二人とも、よくいえば相手の世界を尊重するタイプ。帰りが遅くなっても「どこで何をしてきたの？」とも、飲みに行くときも「誰と？」ともきかないし、仕事のこともあまり話さない。そのくらいがお互い気楽で心地いいのです。私たちはそのあたりの感覚がたまたま近いけれど、人によっては「なんで何も話してくれないの！」「何もかもきかれると、うざったい」と感じるかもしれません。このあたりの考え方や距離のとり方が違い、よくケンカをするご家庭もあるようです。

お互いが**話しておいてほしいこと、話さなくても気にならないこと、話さないでほしいことは何なのかを知っておく**のは、ある意味いちばん大切なトリセツなのかもしれません。

焼きかげんには
かなり執着があります

トーストは香ばしく、目玉焼きはかろうじて黄身が流れるくらいが好み。うるさくてすいませんが、できたらお願い！

興味のないことは
長続きしない人間です

健康のために始めたウォーキングもヨーグルトも……。好きなこと以外は続けられないことが多いです。大目に見て！

25年ガマンしてきたこと
取り返します

子育て中、飲み会も旅もいろいろ思うようにできませんでした。今からまき返します。よろしくネ。

基本的に
毎日ランニングします！

歯磨きと一緒で、走らないと気持ちが悪いのです。家のことだってもちろんするけれど、走る時間は確保させてね！

僕ってじつは、
朝風呂派です！

風呂には朝入りたい派です。夜入ってほしいのもわかるけど、たいていお酒を飲んでいるから、これだけは許して！

弁当におにぎりを
入れるのはやめてね

弁当を作ってくれるのはありがたいのだけど……ご存じのように僕はにぎりめしがイマイチ。麺類ならなんでもOKです！

義父母に送る「ごはん便」

老後を考えるのは、お互いの親のことを考えることでもあります。

有事は突然やってくる。わが家の場合は8年前でした。離れて暮らす義母が倒れたのです。あまりにもびっくりした私に、できることは何もありませんでした。地方に住んでいる義父母。都会と違い、買い物するにしても病院に行くにしても車が必要です。運転ができない私が夫の実家に行っても、買い物に行くにはお父さんに車を出してもらわねばならず……逆に足手まといに。あまりに役に立たない自分に愕然としました。

自分にできることは？　そんなふうに考えたすえに生まれたのが「冷凍ごはん便」です。作った料理を冷凍保存し、クール便で送るというもの。食事作りを一手に担っていた義母の代わりに、義父の食事のお手伝いができたら、と考えたのです。

最初は保存容器や保存袋に入れていましたが、食べるときに器に移す手間を考え、1食分ずつをオーブン用シートで包み、保存袋に入れました。オーブン用シートを使えば、包んだまま耐熱容器にのせて電子レンジで解凍ができるため、食べ終わったらシートを捨てるだけと、後始末がとてもラクチンです。その後義母が退院してからは、フライパンで加熱すると食べられるおかずも入れるようになりました。

「冷凍ごはん便」のいいところは、料理を作るのが大変になった父母の食事を助けるだけではありません。「おいしかったわよ」「あれ、辛くなかったですか？」などの会話を生む、コミュニケーションツールになること。何度か送るうち、あ！　義父母がいちばんうれしかったのは、料理よりも何よりも、話し相手になれたことなのだなぁと気づきました。

必ずしも、送るのは料理でなくてもいいと思うのです。相手が読書好きなら、お気に入りの小説や、ちょっと気になったおもしろそうな雑誌でもいい。また、近くに住んでいるなら掃除に行くのもいいし、様子を伺いに行くのでもいいんです。

大事なのは物を送るかどうかではなく、たまに、ちゃんと、継続的に連絡をとり合うこと。それは、相手の体調の把握にもつながります。少し前までは、お互いに便りがないのが元気な証拠でしたが、高齢になるとそうもいきません。

ちなみにごはん便や雑誌便は、誕生日などの記念日ではなく、なんでもない日に「これ好きだと思って」「おもしろそうなのを見つけたから！」と不定期に送るのがおすすめ。気が向いたときだけならお互いの負担にならないし、相手も思いがけないお便りがうれしいようです。

有事の際に自分のできることは何だろう。考えるのに、早すぎることはないのだと思います。

／夫／

妻はいい意味でのおせっかい。私以上に両親と連絡をとってくれるのは本当にありがたい。大事なのはコミュニケーション、とわかってはいても、用事もないのに連絡するのもなぁ……などとつい逡巡してしまう私を尻目に、いい関係を築いてくれています。

オーブン用シートにのせ、上下を合わせて閉じ、サイドをキャンディ包みにして保存袋へ。

右 / 凍らせたものを段ボールに詰めて、クール便で。左 / オーブン用シートごと温め、そのまま器へ。

Q　父に直してほしいところ

A　グリルのスイッチを消し忘れるところ（タイマー設定で火は自動で消えているんですが、スイッチを回したままだとピーッて警告が鳴るのでいつもあわててスイッチを消しに行ってます）。

Q　母に直してほしいところ

A　ときどき椅子や床で寝るところ。

Q　母さんの料理で好きなもの

A　好きなもの……諸説ありますが鶏のから揚げ。お弁当に入っていると必ずまわりからねらわれるというお弁当定番メニューでした。

Q　得意な家事、得意な料理はある？　またその理由は？

A　得意な家事は……これといってなしです。たぶん「これが得意だ！」って言ったら「あんた言うほどやってへんやろ！」って言われそうなので（笑）。強いていうなら食器洗いでしょうか……？　最近の得意料理は、悩みますが「マリネ」で！　一人暮らしを始めたら食材が微妙に余ることが多くなったんですが、まとめて即席マリネ液にからめて食べてます。これがサイドメニューとしても、おつまみとしても優秀なのですごく助かってます。

Q　嫌いな家事は？　またその理由は？

A　洗濯。料理や掃除はすきま時間でできたりそれ自体を楽しめる気がするんですけど、洗濯だけはそうもいかないのであまり好きではないです。特に今は一人暮らしの家の日当たりが悪いので、なおさらかもしれないです。

Q　父、母の教えで印象深いことは？

A　父「酒の一滴は血の一滴」（こぼすなんてもったいない）
父「休みの日こそ早く起きろ」（朝から遊ぶため）
母「キッチンのシンクは皿と一緒」（野菜とかを置くこともあるからしっかり洗うこと）
特に印象的なのはこのあたりです。

Q　上田家って、どんな家族？

A　ひと言でいうなら変な家族！　だってこんな本出そうとする家、ほとんどないんじゃないでしょうか。

Q　二人暮らしになって、二人（父母）は何か変わった？

A　今のところは特に変化はないと思います。強いていうなら、息子二人がいなくなったぶん自分の時間や空間が増えてのびのびとしてるんじゃないかな、とすら思います。

Q　二人暮らしの二人に贈る言葉

A　父へ。お米がたくさん届いたそうなので朝ごはんはしばらくお米のほうが母は喜ぶかもしれないです。冷蔵庫状況を相談しながら、朝ごはん作り継続して頑張ってください。
母へ。確定申告やインスタライブとかの予定やスケジュールは早めに教えてくれると助かります。うまいこと連携していきましょう。椅子や床で寝たら寝かしつけることはもうできないので頑張って!!

サケオこと上田家次男

社会人1年生。大学時代に酒屋でバイトしたことがきっかけで日本酒に興味を持つ。現在は「酒師」として、ときどき「スナックうえだ」を開催。いつしか「サケオ」と呼ばれるように。

上田家次男 サケオくんへの一問一答

Column2

Q　一人暮らしになって痛感した実家のよさはある？

A　一つは食材が消費しやすいこと。１人分の料理はむずかしいとはよく聞いていましたが、一人暮らしの冷蔵庫の管理がこれほどむずかしいとは思っていませんでした。もう一つは水まわりが充実していること。手狭に感じることなく料理や洗いものができるキッチンや、ゆっくりつかれる湯ぶねがあるのはやはり実家のよさだなと思いました。

Q　一人暮らしになってよかったことは？

A　気軽に宅飲みを企画できるところ。今までは親がいないときにサークルメンバーでホームパーティ的なことをするしかありませんでしたが、特に気にすることなくホムパを楽しめるようになりました。余談ですが、上記の質問の食材消費の問題も、友達との宅飲みが解決の一助になっていると思います。

Q　今はどれくらいの頻度で実家に来る？

A　1カ月に1、2回程度。お気に入りのカフェとかに行く感覚に近いのかな……？　わりと頻繁に帰っているのもありますが、帰るときはだいたい実家で何かしらのイベントがあるときなので、「実家でくつろぐ」「顔を見せに行く」というよりは、アットホームなお店にごはんに行く、みたいな感じかもしれないです。

Q　引っ越しをする、と聞いたときどう思った？

A　最初は現実味がありませんでしたが、わりとすぐに「たしかに引っ越しは必要かも」と納得しました（母親が仕事しているときは父親の居場所がなくなる、等々……）。引っ越し先のキッチンスペースなどの構想を聞いたときには、さっさと引っ越ししよう！　くらいのテンションだったかもです（笑）。

Q　前の家を片づけるときに思ったことはある？

A　「ここってこんなに広かったっけ？」って思うことが多かったです。感傷的になってというよりは、物理的に物がなくなって、びっくりした感じ。「生家がなくなる」ことよりも、「引っ越し」というイベントに高揚していたのかもしれません。

Q　家で撮影などの仕事をする母の姿を見て、思うことはあった？

A　スピード感というか、効率のよさがすごいなと思いました。自分が実家で料理をするとき「こうしたほうがいい」「ああしたほうがいい」って口出しがちょこちょこあって、そのたびに「そこまで効率的に動けない！」ってちょっとだけ思うことがありました。でも、仕事中の母を見ると撮影を滞りなく進めるためにすごく効率的に、スピーディに仕事をしてて、そりゃ口出ししたくもなるよね……って思いました。

Q　うちの父はこんな人

A　人を頼らず、意思を曲げない人。

Q　うちの母はこんな人

A　ただ「やる」じゃなくて、「やり遂げる」人。

Q　うちの父さん、ここがすごい！

A　好きなものへの情熱と継続力、責任感。ランニングやモルトウィスキー、朝ごはん作りなど、やると決めたことにはこだわりを持って人を頼らずに押し進めるところ。

Q　うちの母さん、ここがすごい！

A　効率のいい動き、やり遂げる行動力。

レシピについて

・大さじ1＝15㎖、小さじ1＝5㎖、1カップ＝200㎖です。
・フライパンは、特に記載のない場合、直径約26㎝のフッ素樹脂加工のものを使用しています。
・電子レンジの加熱時間は600Wのものを基準にしています。500Wなら1.2倍、
　700Wなら0.8倍を目安に加熱してください。なお、機種によって多少異なる場合があります。
・オーブントースターの加熱時間は1000Wのものを基準にしています。
　機種によって加熱時間に差が出る場合があります。
　様子をみながら加熱し、焦げそうな場合はアルミホイルをかぶせてください。
・野菜は特に記載のない場合は、洗うなどの下ごしらえをしてからの手順を説明しています。
・レシピ内の「塩」は精製されていない天日塩、「しょうゆ」は濃口しょうゆ、「小麦粉」は薄力粉です。
・「だし汁」は、基本的に昆布と削り節でとったものをさします。
　市販の顆粒状やパック状のものは、パッケージの表示に従ってとってください。

三章

会話を生むごはん

〝5分アペロ〟から始まる、わが家の食事スタイル

四人家族が二人家族になり、いちばん戸惑ったのは食事です。わが家は、平日は夫が仕事で帰りが遅かったので、子どもが小さいときは私と子どもたちで食事。子どもが大きくなってからは息子二人がそろう機会も減り、息子のどちらかと二人だったり、みんな別々だったり。週末にだけ家族四人で食事する、という感じでした。そのため、二人暮らしになったら「平日の食事は一人一人別々に？　まあ、毎日二人だけでは間がもたないしなぁ……」などと考えていました。

私の心配をよそに、二人暮らしになってから夫の帰りが早くなりました（以前は23時くらいだったのが21時に）。どうやら、家で一人で待っている私に気をつかっているようなのです。

最初は二人だけの食事に落ち着かなかったりもしましたが、引っ越して半年くらいすると、なんとなく食事スタイルができ上がってきました。そのスタイルが**「5分アペロから始まる晩ごはん」**です。アペロとは、フランス語の「アペリティフ」の略語で「食前酒」のこと。フランスではもう少し広い意味でとらえ、夕食の前に飲みながらかるくつまみ、会話を楽しむことを「アペロ」と呼びます。

私が食事を作っている間に一人でテーブルにドテッと座っているのは、夫もさすがに気まずいと思ったのでしょう。作っている私の前に立ち、「ビ

ール飲む？」と私にもつぎながら、自分も飲む。ときにはジントニックを作ってくれたりします。そして、でき上がった料理や前日の残りをつまみながら、おしゃべり。料理が完成したら「はい、これ運んで」と言ってテーブルに移動する。そんな流れができ上がったのです。

「5分アペロ」のいいところは、夕飯のおかずには少しものたりない「○○のハム」「○○のチーズ」など、市販のおいしいものを楽しめること。料理をしているところも見せられるので、夫の料理を作りたい気持ちを後押しできるのもいいですね（夫は何事も強制されるのは苦手）。何より、いちばんは会話が増えたこと！

昔は23時ごろに帰宅する夫に食事を用意し、「じゃあ、おやすみ！」と先に寝るのがいつものパターン。そもそも話をする時間自体があまりなく、会話のほとんどは業務連絡ばかりでした。

でも、「5分アペロ」を習慣にしたことで夫と話をする時間が増え、**たわいのない話ができるようになりました**。たわいのない話こそ、夫婦には必要。今、そういうことに興味があるのね、など**夫の新しい一面を発見をしている最中です。**

／夫／

あれはアペロっていうんですね（笑）。その日のことを報告しあい、ちょっとしたことで笑い合い。こんな時間ってなかったね。アペロって、わが家の変化をいちばん象徴する出来事かも。

キッチンで飲み、食べはじめるのが
定番スタイルになりつつある。
テーブルよりも話がはずむ

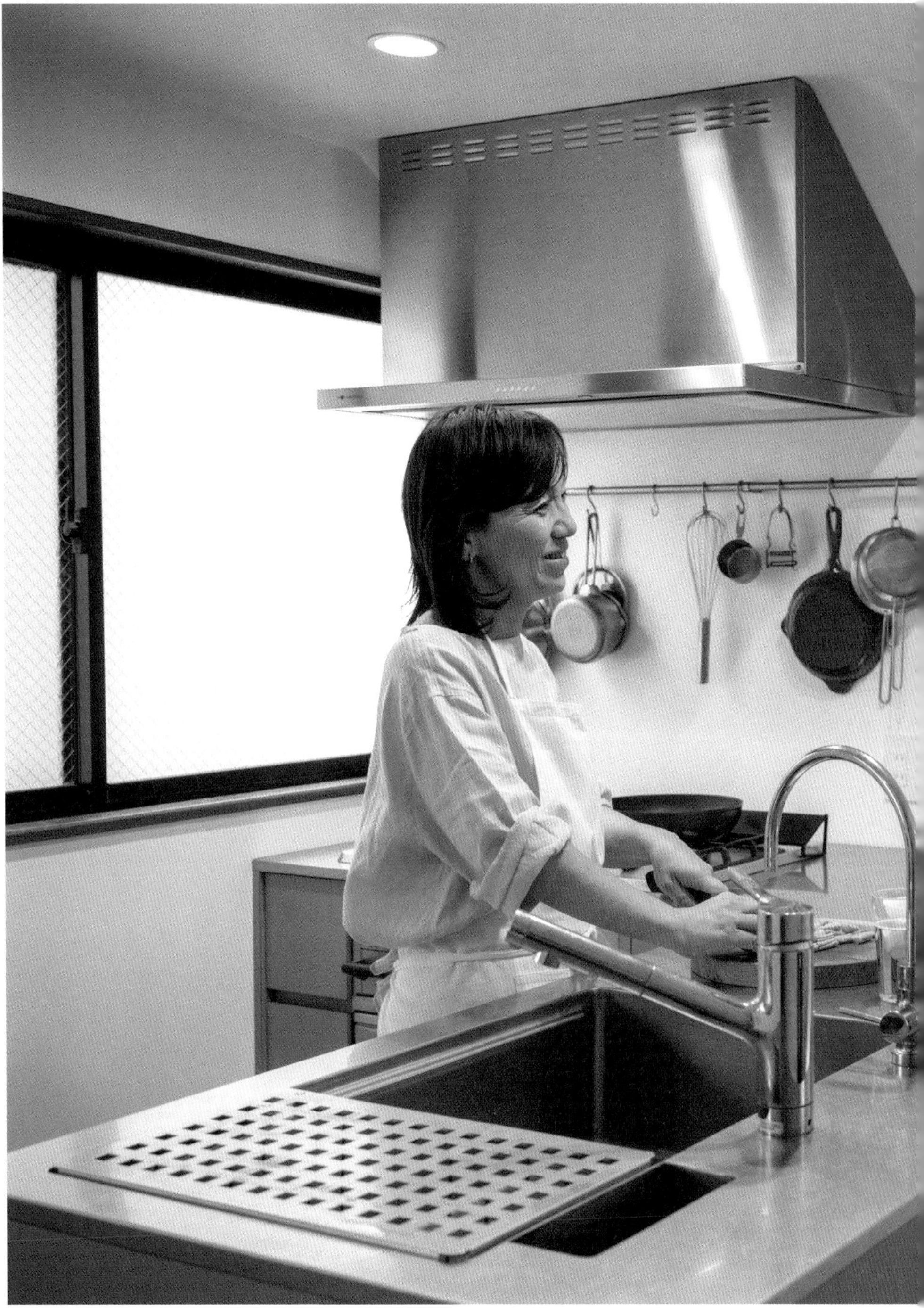

キッチンを妻の砦《とりで》にしない

家族が入れない（入りにくい）場所という意味で、旧居のキッチンは私の砦だった気がします。希望だったわけでも意図的でもなく、いろいろな状況が重なった結果でした。新居では〝二人のキッチン〟を心がけ、実際、そうなってきていると思います。

「5分アペロ」からの流れで、ジャンケンをしなくても、毎日二人で配膳&後片づけをするようになりました。私が夕飯を作っているときに夫はアペロを楽しみつつ、器や箸などを準備。食後の洗いものは夫が率先してやっています。その横で、私は器を拭いたりしながら棚に片づける。自然発生的にこのスタイルに。昔は物の居場所がわからないために片づけられなかった夫ですが、今や私が仕事の都合などでむずかしい場合は、代わりに片づけるようになりました。

二人暮らしになったこと、二人のキッチンになったこと、アイランドキッチンになったこと。いろいろな変化が、わが家の今のスタイルを生んだのは間違いありません。でも、変化がなくても、心がけしだいで夫をキッチンに引き込むことは可能です。

キッチンを散らかされるといやがる前に、**妻がキッチンの門を開くのが、二人のキッチンへの第一歩**なのだと思います。二人ともお酒を飲むなら、まずは「一杯飲む？」から始めてみませんか。

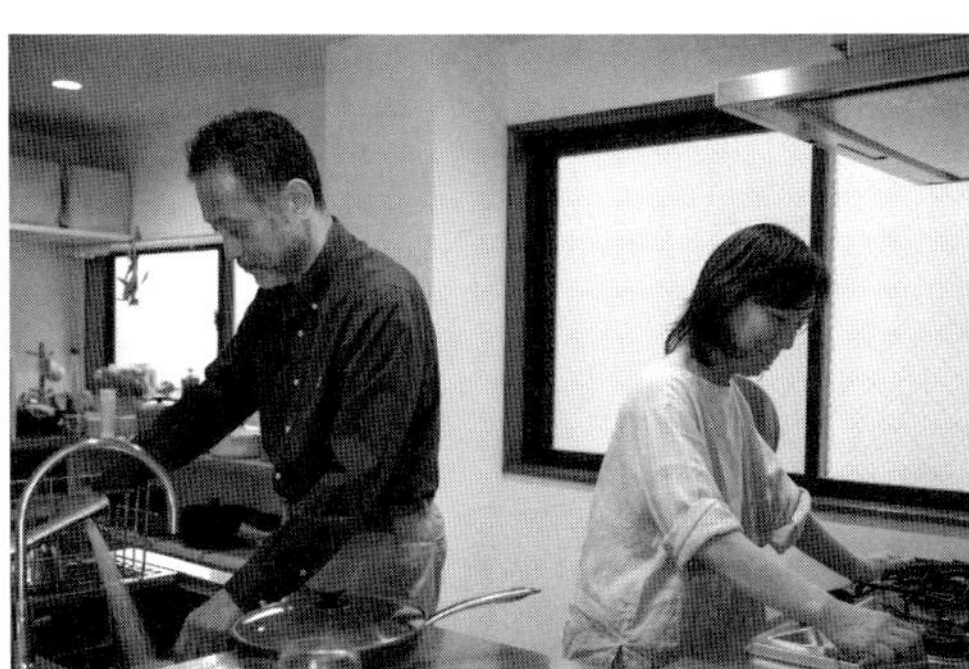

二人で使用した食器を下げ、夫が洗いものをし、妻は棚にしまう。引っ越し1年弱で習慣に。

キッチンでアペロの後は、
テーブルへ移動して食事を

四人↓二人の食事。意外とつらい、シフトダウン

ついこの間まで、わが家のメンバーは食べざかりの息子二人と夫、私の四人。男の子がいるご家庭ならわかると思うのですが、男子の食べる量は半端ない！　彼らが中学生、高校生のころは朝ごはん、お弁当、夜ごはんで、一日に1升のご飯を炊いていました。米びつはすぐにからになり、作るおかずは肉にチーズをはさんだり、野菜を組み合わせてボリュームアップし、それを揚げものにする……なんてことが日常茶飯事。大学生になって家で夕食を食べない日が増えて、毎日毎日ボリュームおかずを作ることはなくなったとはいえ……わが家の夕食作りはまさしく〝重労働〟でした。

25年ぶりの夫との二人の食事は、想像以上に驚きの連続。当たり前のように、キャベツは1個、大根は1本買いだったのが、え？　なかなか使いきれずに何日も残ってる！　あんなに食材がすぐになくなる家だったのに!?　その日はまだよくても、次の日に余った食材や料理、どうする？　ハンバーグにいたっては、4人分なら使いきりだった卵も玉ねぎも½個分ずつ余ってそのまま……。

作る量が減ったらラクだろうな。ずっとそう思ってきましたが、もともと料理好き、食べてもらうのはもっと好き。食欲旺盛な息子たちのおなかを満たすのは、渦中は大変としか思わなかったけれど、ある意味、私の喜びだったのかな？

／夫／

前夜の残りものを並べるだけで朝ごはんのおかずになってしまいます。担当としてはちょっとつらい。せめて炊きたてご飯に作りたておみそ汁は欠かさないようにしようと決意を新たに！

自分自身がなかなかギアチェンジできません。常にトップギアだった私は急ブレーキをかけてもすぐには止まれない。**毎日の料理の大幅なシフトダウンは、私にとって思いのほかショックでした。**何を作っていいのかわからないのです。毎日、戸惑うばかり……。

試行錯誤を続けながら二人暮らしが半年以上過ぎたころ、ようやく大人二人にちょうどいい食事のカタチを見つけられてきたかな、と思います。それが次の２つです。

① 副菜以上、主菜未満の3品献立

② 下ごしらえに手間がかかる素材は大量に仕込み、3回楽しむ

年齢とともにまた変化していくのだと思いますが、今現在の私たちにぴったりなのはこんな食事。そのなかでも、わが家で活躍中のレシピをいくつかご紹介したいと思います。

ピーマンとじゃこの
塩ごま風味
豚肉といんげんの
みそ炒め
トマトと玉ねぎの
マスタードドレッシング

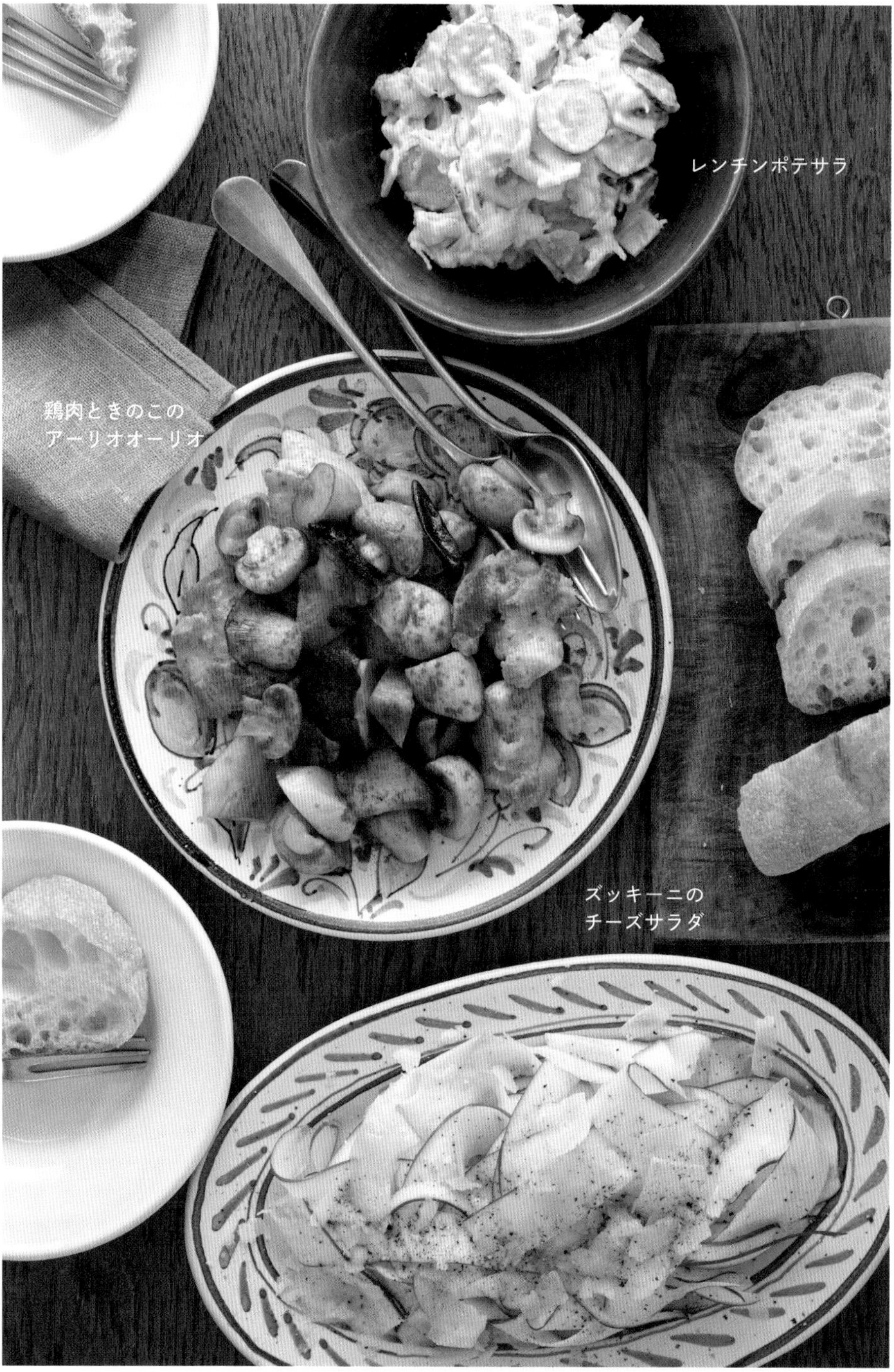
レンチンポテサラ
鶏肉ときのこの
アーリオオーリオ
ズッキーニの
チーズサラダ

作り方 P.113

二人とも満足！
副菜以上、
主菜未満の3品献立

最近の私は、そこまで重くないおかずで充分。夫はというと、相変わらず濃いめの味つけのおかずが好き。二人の好みが違ってきた今、主菜＋副菜という従来の献立にすると、どちらかが我慢することになってしまいます。そこで考えたのが、「副菜以上、主菜未満のおかずの3品献立」。こうすれば、**1品はガッツリとしたおかず、2品はあっさり系のおかずにすることが可能で、二人とも満足できる**んです。しかも、**品数を増やすことで、ずるずると残っていた食材をどこかに入れることも可能**になります。この野菜があるから、魚介や加工品を加えてあえものに、冷凍してある肉に野菜を組み合わせて炒めものに……というぐあいに食材から作る料理を考えていくのです。

メイン料理と副菜を作るより、調理がラクなのもいいところ。3品のうちの1品を火を使わないおかずにすれば、段取りよく作れます。

副菜以上、主菜未満の3品献立にするにあたり、気をつけたいのがたんぱく質不足にならないようにすること。「元気な高齢者には肉好きが多い」と聞いたことはありませんか？　年をとると代謝が落ちて必要なカロリーは減る一方で、健康を維持するのに必要なたんぱく質は若いころと変わらないのだそうです。なので、肉や魚をガッツリ食べないまでも、3品のうちの2品には肉や魚をちょこちょこと組み合わせたい。卵なら1個、肉なら100〜150gを加えるのを目標にしています。

和風の3品献立　材料（2人分）と作り方

豚肉といんげんのみそ炒め

❶ **さやいんげん100g**はへたを取り、長さを半分に切る。**豚ロース肉（とんカツ用・大）1枚（約150g）**は棒状に切り、**塩、こしょう各少々**をふる。**A（みそ、みりん各大さじ1、砂糖小さじ1）**は混ぜる。

❷ フライパンに**サラダ油大さじ1**を中火で熱し、いんげんを入れてときどきフライパンを揺すりながら3～4分炒める。

❸ いんげんが柔らかくなったら豚肉を加え、強めの中火でときどき返しながら焼く。
豚肉に火が通ったらAを加えて全体にからめ、器に盛り、**白すりごま小さじ1**をふる。

ピーマンとじゃこの塩ごま風味

❶ **ピーマン3個**は縦半分に切ってへたと種を取り、横にできるだけ細く切る。

❷ ボールに❶、**ちりめんじゃこ20g、ごま油大さじ1、塩少々**を入れ、あえる。

トマトと玉ねぎのマスタードドレッシング

❶ **トマト1個**はへたを取り、一口大に切る。**玉ねぎ½個**は横にできるだけ薄切りにし、水でよくもむ。
水を替えて10分ほどさらし、水けをよくきる。

❷ ボールに**粒マスタード小さじ2、酢大さじ½、サラダ油大さじ1、塩、こしょう各少々**を入れてよく混ぜ、❶を加えてあえる。

洋風の3品献立　材料（2人分）と作り方

鶏肉ときのこのアーリオオーリオ

❶ **鶏もも肉（から揚げ用）6個**は**塩少々**をふる。**マッシュルーム、エリンギ各1パック**は石づきを取り、食べやすい大きさに切る。**にんにく1かけ**はたたいてつぶし、**赤唐辛子1本**はへたと種を除く。

❷ フライパンに**オリーブオイル大さじ3～4、にんにく、赤唐辛子**を入れ、弱めの中火で炒める。
にんにくがかるく色づいてきたら鶏肉、きのこを加え、ときどき返しながら鶏肉に火が通るまで5～6分焼く。**塩少々**で味をととのえ、器に盛って好みで**パプリカパウダー少々**をふる。

ズッキーニのチーズサラダ

❶ **ズッキーニ1本**はピーラーで薄切りにし、器に盛る。

❷ ❶に**塩少々**をふり、**オリーブオイル大さじ1½**を全体にかけ、**パルミジャーノ・レッジャーノ適宜**を削って散らす。**粗びき黒こしょう少々**をふる。

レンチンポテサラ

❶ **じゃがいも1個（約150g）**は皮をむいてラップで包み、電子レンジで4～5分加熱する。
ボールに入れて熱いうちにつぶし、**塩、こしょう各少々**を加えて混ぜる。

❷ **ハム2枚**は1㎝四方に切り、**きゅうり½本**は薄い輪切りにする。**玉ねぎ1/12個（約15g）**は薄切りにしてかるくもみ洗いをし、水けを絞る。

❸ ❶の粗熱が取れたら、❷と、**プレーンヨーグルト、マヨネーズ各大さじ1½**を加えてあえ、**塩、こしょう各少々**で味をととのえる。

ゆで豚
三変化

ゆで豚を一度にたくさん作って、三度楽しむ

ゆで豚を仕込んで……

1日目：ポッサム

2日目：ゆで豚とパプリカの炒めもの＆ゆで汁スープ

3日目：ゆで豚のポン酢漬け

作り方 P.116～117

めんどうな下ごしらえは一度。二人にぴったりのリメイクごはん

豚肉全体に塩をなじませ、ラップに包んで保存袋へ。余分な水分が抜け、うまみが凝縮する。

大根やかたまり肉など、おいしくて大好きだけど、**下ごしらえに時間のかかる野菜や肉は、わが家では「せっかくなら！」と一度にたくさん仕込み、3品に展開**させます。食材のいたみに神経質にならなくてすむ冬は、特に大活躍！

必ず作るのは、肩ロース肉のゆで豚です（昔は豚バラ肉を使っていましたが、今は脂はほどほどの肩ロース肉がちょうどいい！）。かたまりの豚肩ロース肉に塩をすり込み、冷蔵庫で1〜3日置きます。そうすると、浸透圧の関係で豚肉から余分な水分が抜けてうまみが凝縮されます。そうしたら今度は弱火でじっくりゆでて「ゆで豚」を作ります。このゆで豚を、1日目は野菜やキムチなどと一緒に食べ、2日目は刻んで「炒めもの」に、3日目は「ポン酢漬け」で楽しみます。

もう一つは、ゆで大根。いくら好物でも、ふろふき大根を作るために大根2切れをゆでるのは億劫だけど、「ふろふき大根」が「おでん」に、「おでん」が「酒かす煮」に、三変化してくれるなら、作らずにはいられません（笑）。

大好きなおかずばかりなので、**同じ食材が3日続いても食べ飽きずに、むしろ「明日はあれね！」と、次の日が待ちどおしい**のです。息子たちがいたときには、大根も豚肉も1日でなくなっていたんですよ。夫婦二人だからこそできる、楽しみ方です。

ポッサム

材料（2人分）と作り方

- ●豚肩ロースかたまり肉…2本（800g〜1kg）
- ●ねぎ（青い部分）…1本分
- ●サンチュ、えごまの葉…各適宜
- ●塩…小さじ2〜大さじ1弱（肉の重量の1.5%）

みそだれ

- ○コチュジャン…大さじ1
- ○白いりごま、ごま油…各小さじ1

1 豚肉は好みでたこ糸で形をととのえ、塩をすり込む。保存袋に入れて冷蔵庫で1〜3日置く。

2 鍋に**1**、ねぎ、水をひたひたに入れて中火にかけ、煮立ったらふたはせず弱火で50分ほどゆでる（途中で一度上下を返す）。そのままさます。

3 1本をゆで汁から取り出し、食べやすく切る。残りの豚肉とゆで汁はとっておく。器にサンチュ、えごまの葉をのせ、豚肉を盛り、混ぜ合わせたみそだれを添える。

ゆで豚とパプリカの炒めもの＆ゆで汁スープ

材料（2人分）と作り方

炒めもの

- ●ゆで豚…1/4量（1/2本）
- ●パプリカ（小）…1個
- ●玉ねぎ…1/4個
- ●にんにくの薄切り…少々
- ●塩、こしょう…各適宜
- ●ごま油…小さじ1

スープ

- ○ゆで豚のゆで汁…2カップ
- ○卵…1個
- ○塩、こしょう…各少々

1 炒めものを作る。パプリカはへたと種を取って縦に幅7〜8㎜に切る。玉ねぎは薄切りにする。ゆで豚は7〜8㎜角の棒状に切る。

2 フライパンにごま油、にんにくを入れて弱火で炒め、香りが出たら玉ねぎ、パプリカを入れて炒め合わせる。全体に油が回ったらゆで豚を加えてざっと炒め、塩、こしょうで味をととのえる。

3 スープを作る。鍋にゆで汁を入れて温め、塩、こしょうで味をととのえ、溶きほぐした卵を回し入れる。

ゆで豚のポン酢漬け

材料（2人分）と作り方

- ●ゆで豚…1/4量（1/2本）
- ●ポン酢しょうゆ…適宜
- ●ねぎ（白い部分）…5㎝
- ●しょうがのせん切り…1かけ分

1 ポリ袋にゆで豚、ポン酢を入れ、空気を抜いて口を縛り、冷蔵庫で2時間以上置く（冷蔵庫で4日間保存可能）。

2 豚肉を取り出して薄く切り、器に盛る。

3 ねぎは縦に切り込みを入れてしんを取り除き、ごく細いせん切りにする。水にさらして水けをきる。**2**にしょうがのせん切りとともにのせ、漬け汁適宜をかける。

大根で
三変化

大根1本をゆでて、三度楽しむ

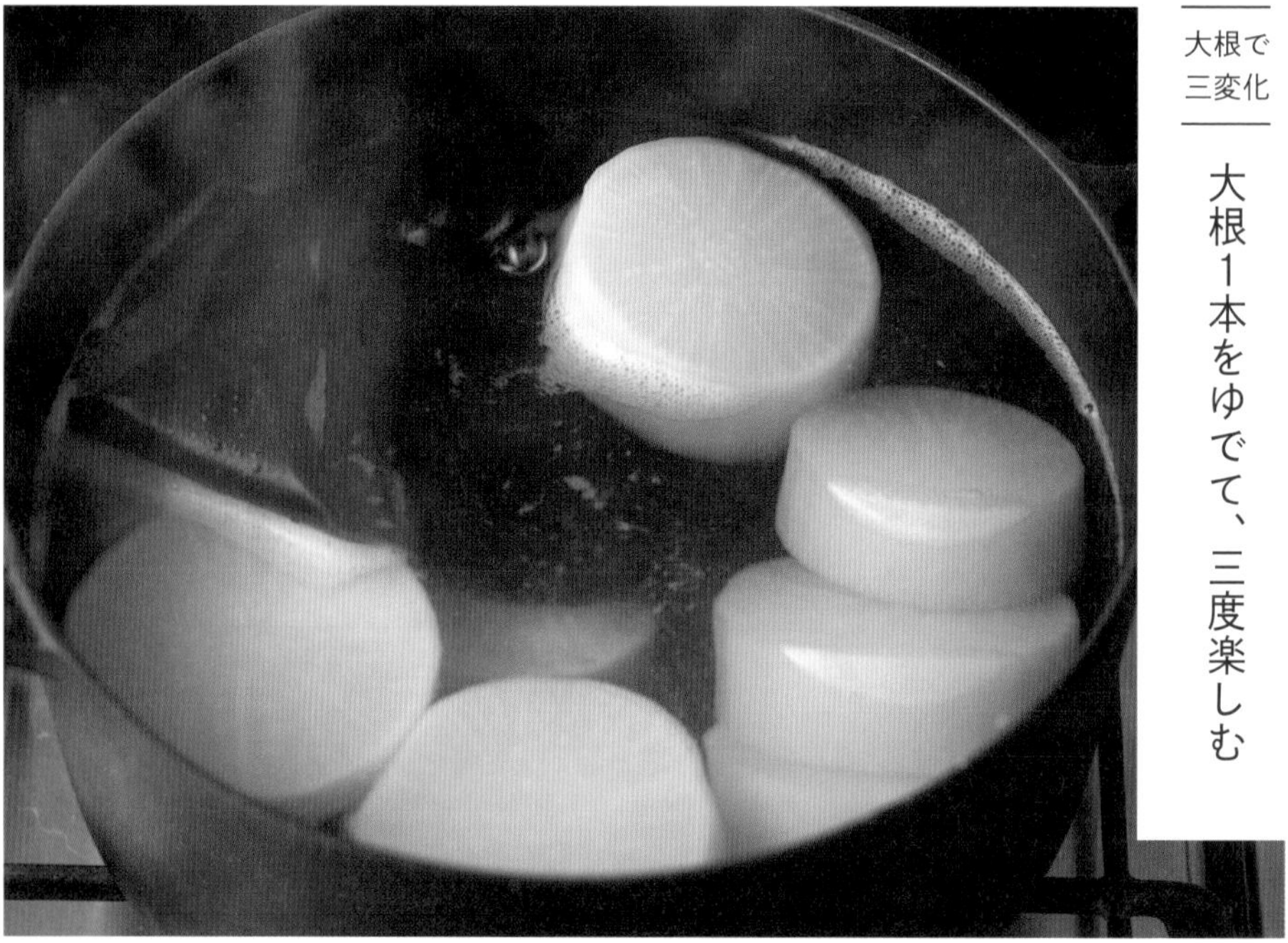

大根をゆでて……

1日目：ふろふき大根 ゆずみそだれ

作り方 P.120～121

2日目：おでん

▽

3日目：大根と鮭の酒かす煮

大根を竹串がすーっと通るくらいまで下加熱。いつもは蒸しますが、たまには電子レンジで手軽に。

ふろふき大根 ゆずみそだれ

材料（作りやすい分量）と作り方

● 大根…1本
● 昆布（5×5㎝）…1枚

ゆずみそ（2人分）
○ 西京みそ… 大さじ3
○ みりん…大さじ2
○ 黄ゆずの皮のすりおろし… 適宜

1 大根は皮をむき、幅2.5㎝に切る（8～9等分）。耐熱皿に½量を並べ、ラップをかけて電子レンジで10～15分加熱して柔らかくし、ラップをはずしてさます。残りも同様にする。

2 鍋に昆布、**1**を入れ、かぶるくらいの水を加えて中火にかける。煮立ったら弱火で15分ほど煮る。

3 ゆずみそを作る。耐熱のボールに西京みそ、みりんを入れてよく練り混ぜ、ラップをかけて電子レンジで30秒ほど加熱し、ゆずの皮のすりおろしを混ぜる。

4 器に**2**を2切れ（約¼本分）盛り、**3**をかける。好みでゆずの皮のすりおろしをふる。残りの大根、煮汁はとっておく。

大根と鮭の酒かす煮

材料（2人分）と作り方

- おでんの大根…1/4本分（約2切れ）
- 塩鮭の切り身…2切れ
- おでんのこんにゃく…2切れ
- おでんの練りもの…4切れ
- おでんの煮汁…1カップ
- 酒かす…好みの量
- 万能ねぎの小口切り…適宜

1 大根、こんにゃく、練りもの、鮭は食べやすく切る。

2 口径約20㎝の鍋におでんの煮汁を入れて中火にかけ、煮立ったら1を入れ、ふたをして3分ほど煮る。

3 耐熱のボールに酒かすを入れ（板かすの場合は小さくちぎる）、2の煮汁をおたま2杯ほど加えて2〜3分おく。泡立て器などで酒かすをしっかり溶かし、鍋に入れる*。

4 味をみて濃いようなら水をたし、薄いようなら塩またはしょうゆ（分量外）で味をととのえる。器に盛り、万能ねぎを散らす。

＊酒かすが溶けにくい場合は、ラップをかけずに電子レンジで1〜2分加熱するとよい。

おでん

材料（作りやすい分量）と作り方

- ふろふき大根の大根…3/4本分（6〜7切れ）
- 鶏手羽元…4〜6本
- ゆで卵（熱湯から9分ゆで）…2個
- さつま揚げ…4枚
- ちくわ…2本
- こんにゃく（小）…1枚

A ○だし汁*（ふろふき大根の煮汁）…3カップ
○薄口しょうゆ、みりん…各1/4カップ

- 練り辛子…適宜

＊煮汁が3カップない場合は水をたす。

1 さつま揚げ、ちくわ、こんにゃくは食べやすく切る。さつま揚げは熱湯を全体にかけて油抜きし、こんにゃくは熱湯で3分ほどゆでてアク抜きをする。手羽元は骨の両サイドに切り込みを入れる。

2 口径約24㎝の土鍋などにA、大根、こんにゃく、手羽元を入れて中火にかけ、煮立ったらごく弱火で10分ほど静かに煮る。

3 さつま揚げ、ちくわ、ゆで卵を加えてさらに2分ほど煮て火を止め、いったんさます。食べるときに温めなおし、練り辛子をつけていただく。大根、こんにゃく、練りもの、煮汁は一部とっておく。

大根をゆでるときは、昆布を入れ、大根に昆布のうまみをしみ込ませる。昆布だしを吸ってふっくら！

春はさっとゆで

アスパラガスの簡単タルタル添え

ゆで春キャベツとわかめの酢みそがけ

小松菜と油揚げの辛子じょうゆあえ

豚肉と香味野菜の甘酢あえ

作り方 P.128

野菜は季節ごとのおいしい食べ方で！

毎日の食事で、特においしく食べたいと思うのが季節の野菜です。**季節の野菜は味が濃く、価格も安い、といいことづくし**。おいしさを充分蓄えているので、あれこれと手をかけすぎると逆にもったいない！　**シンプルに調理することが、おいしさを最大限に生かすコツ**です。そして、そのコツは季節ごとに共通している場合が多いのです。

春の野菜は、みずみずしく、青々とした香りが特徴のものが多い。おいしさを生かすには、さっとゆでましょう。たとえば、グリーンアスパラガスならゆで時間は30秒～1分くらい。柔らかい春キャベツも30秒ほどゆでれば充分でしょう。ゆでた野菜は湯から引き上げたらおか上げ（水にとらずに、ざるに上げること）にし、しっかり水けをきります。水につけると色止めになり、色鮮やかにはなりますが、どうしても水っぽくなってしまうので、ぜひおか上げにしてください。ほのかに甘い香りがフワ～ッと広がった野菜には、手軽なソースやたれをかけていただくのがおすすめです。

夏はなるべくキッチンに長時間いたくない。加えて、冬と違って料理があつあつでなくてもいいので、あらかじめ準備できる「あえもの」が便利です。生野菜やゆでた野菜を肉や魚、大豆製品と組み合わせればボリュームも出て、ときにはメインを張れるおかずにもなります。コツは「食べる直前にあえる」こと。この点のみ気をつければ、野菜の水分も出ず、味が薄まってぼやけることもありません。

秋には、じっくり焼くとおいしい野菜がたくさん旬を迎えます。れんこん、長いも、かぼちゃ、きのこ、さつまいも、かぶ……。フライパンに広げ、あまりさわらずにじわじわと火を通し、うまみを凝縮させましょう。この方法なら甘みも出てくるので、味つけは塩こしょうをパラッとふるだけ。すだちなどの柑橘類をギュッと搾ってもおいしいですよ。

冬の野菜は、体のしんから温まる汁ものにしましょう。具だくさんにしたいところですが、夫婦二人だと半端に具材が余ってしまうので、〝量だくさん〟に。3素材くらいを使い、それぞれの素材をたくさん詰め込むのです。量だくさんの汁ものは食べごたえ充分で、おかずの役目もしてくれます。いろいろな食材が入ったときのような味の複雑さはないけれど、そこは吸い口（ねぎやしょうが、七味や粉山椒など）でカバー。好みの風味をプラスしましょう。多めに作り、次の日の朝楽しむのもいいですね。

野菜のおかずは、食卓を彩るのにぴったり。季節の野菜なら、「そろそろ○○の季節になったんだね～」など、話もはずみます。健康面を考えて、はもちろんですが、それ以上に楽しい食事時間には欠かせない名バイプレーヤーなのです。

秋はじっくり焼き

かぼちゃのじっくり焼き
ハニーマスタードソース

れんこんと長いものじっくり焼き

冬は汁もの

3素材の豚汁

白菜とベーコンのスープ

作り方 P.129

アスパラガスの簡単タルタル添え

材料（2人分）と作り方

- グリーンアスパラガス…8本（約200g）
- 粗びき黒こしょう…適宜

簡単タルタルソース
○玉ねぎのみじん切り…大さじ1
○ゆで卵（熱湯から9分ゆで）…1個
○マヨネーズ…大さじ3

1　アスパラガスは根元を落とし、根元の堅い部分の皮をむき、斜め半分に切る。熱湯に入れて30秒〜1分ゆで、ざるに上げて水けをきる。

2　タルタルソースを作る。ボールにゆで卵を入れてフォークでざくざくとつぶし、残りの材料を入れて混ぜる。

3　器に**1**を盛り**2**をかけ、粗びき黒こしょうをふる。

ゆで春キャベツとわかめの酢みそがけ

材料（2人分）と作り方

- 春キャベツ…200g
- わかめ（乾燥）…5g

酢みそ
○みそ…大さじ1½
○酢…大さじ1
○練り辛子…適宜

1　キャベツはざく切りにし、熱湯で30秒ゆで、ざるに上げてしっかり水けを絞る。わかめは水につけてもどし、水けをきって食べやすく切る。

2　酢みその材料を混ぜ合わせる。

3　**1**の水けを再びよく絞って器に盛り、**2**をかける。

小松菜と油揚げの辛子じょうゆあえ

材料（2人分）と作り方

- 小松菜…1わ（約200g）
- 油揚げ…1枚

辛子じょうゆ
○練り辛子…小さじ½〜1
○しょうゆ…大さじ1弱

1　小松菜は根元に十字の切り込みを入れ、たっぷりの水に10分ほどつけてシャキッとさせる。塩小さじ½（分量外）を入れた約1ℓの熱湯に根元から入れて30秒ほどゆで、ざるにとってさまし、長さ4㎝に切る。

2　油揚げはフライパンまたはオーブントースターでさっと焼き、食べやすく切る。

3　ボールに辛子じょうゆの材料を入れてよく混ぜ、**1**、**2**を加えてあえる。

豚肉と香味野菜の甘酢あえ

材料（2人分）と作り方

- 豚こま切れ肉…150g
- 青じその葉…5枚
- 万能ねぎ…2本
- みょうが…2個
- 塩、こしょう…各少々
- サラダ油…小さじ1

甘酢
○砂糖、酢…各小さじ2
○塩…ふたつまみ

1　豚肉に塩、こしょうをふる。フライパンにサラダ油を強めの中火で熱し、豚肉を広げる。かるく焼き色がついて中に火が通るまで3分ほど炒め、ボールに取り出す。

2　青じそは軸を取って手でちぎる。万能ねぎは長さ3㎝に切り、みょうがは斜め薄切りにする。甘酢の材料を混ぜる。

3　**1**の粗熱が取れたら**2**を加え、ざっくりとあえる。

れんこんと長いものじっくり焼き

材料（2人分）と作り方

- れんこん…150g
- 長いも…150g
- すだち…1個
- 塩…ふたつまみ
- 粗びき黒こしょう…少々
- サラダ油…大さじ1

1 れんこん、長いもはきれいに洗い、皮つきのまま幅1cmの輪切りにする。

2 フライパンにサラダ油を熱し、1を並べて弱めの中火で3分ほど焼き、焼き色がついたら返して、もう片面も3分ほど焼く。

3 器に盛り、塩、こしょうをふり、半分に切ったすだちを添える。

かぼちゃのじっくり焼き ハニーマスタードソース

材料（2人分）と作り方

- かぼちゃ（大）…1/8個（約250g）
- サラダ油…大さじ1

ハニーマスタードソース

○ はちみつ、粒マスタード…各大さじ½
○ 酢…大さじ1　○ 塩…ひとつまみ

1 かぼちゃは種とわたを取り、皮つきのまま幅8mmのくし形に切って長さを半分に切る。

2 フライパンにサラダ油を熱して1を並べ、弱めの中火で3～4分焼く。焼き色がついたら返し、もう片面も3～4分焼き、器に盛る。

3 ハニーマスタードソースの材料を混ぜ合わせ、2にかける。

白菜とベーコンのスープ

材料（2人×2食分）と作り方

- 白菜…1/6株（約400g）
- ねぎ…1本（約100g）
- ベーコン（ハーフサイズ）…5枚（約50g）
- 塩、こしょう…各少々
- バター…10g

〈吸い口〉粉チーズ…適宜

1 白菜は横に幅2cmに切る。ねぎは幅1cmの小口切りにする。ベーコンは幅2cmに切る。

2 口径約22cmの鍋に白菜、ねぎ、バター、水½カップを入れ、中火にかける。煮立ったらふたをして弱めの中火で8～10分蒸し煮にし、野菜を好みの堅さにする。

3 水1½カップを加え、ベーコンを入れて中火で煮る。煮立ったら弱めの中火で2～3分煮て、塩、こしょうで調味する。器に盛り、粉チーズをふる。

3素材の豚汁

材料（2人×2食分）と作り方

- 豚バラ薄切り肉…40～50g
- じゃがいも…1個（約150g）
- ごぼう…1本
- だし汁…5カップ
- みそ…大さじ4

〈吸い口〉七味唐辛子…少々

1 じゃがいもは皮をむいて大きめの一口大に切り、ごぼうは皮を包丁の背でこそげて乱切りにする。豚肉は食べやすく切る。

2 口径約22cmの鍋に油をひかずに豚肉を入れて中火でさっと炒め、豚肉の脂が出てきたらごぼうを加えて1～2分炒める。

3 だし汁、じゃがいもを加え、煮立ったらアクを取る。弱火で煮て、野菜が柔らかくなったらみそを溶き入れる。器に盛り、七味をふる。

ゆで汁がおいしさのカギ！　ペペロンチーノ

動かさずに焼く、コツはこれだけ！　ビーフステーキ

作り方 P.136

いつものあの味！
名のある〝夫めし〟

家事シェアと同じ理由から、私が不在でも自立していけるよう、夫にも少しずつ料理を作ってほしいと思うようになりました。私の分も作ってほしいというよりも（もちろん、いつかそんな日が来るとうれしいですが）、留守番する人のごはんの心配をせずに出かけたい！　というのがいちばんの理由です。

子どもが小さいころは、留守番する息子の食事を作るついでに（夫よ、ごめん）夫の分も用意していました。でも、息子の食事を用意しなくてよくなった今、夫のためだけに食事を作る気力は、私には残っていないのでした。それに、誰にも気がねせずに**自分の好きなものを自由に作れるのってこの上ない幸せ**だと思うのです（誓って、作ってほしいためのこじつけではありません）。

夫に「どんな料理を作ってみたいか？」をきいてみました。すると、返ってきた答えは「名のある料理」。好物のほとんどが名のある料理なのも理由の一つですが、「**名のある料理が作れたら、料理上手になった気分が味わえる**のではないか？」とのこと。作りたい料理のリストに挙がったのは「ペペロンチーノ」「ビーフステーキ」「豚肉のしょうが焼き」「チャーハン」。なるほど、たしかにこれらが作れたら、人に自慢したくなるよね！　とひざを打った次第。

さてさて、これらの名のある料理。たくさんの料理本に作り方が紹介されています。でも、おいしく作るのは意外とむずかしい。夫いわく「その作業の意味がわからないと、ついつい省きたくなる」。そういえば家事シェアをする際も、「この家事をしないとこんな不ぐあいが生まれるからお願いね」と「なぜそうするか」の理由を伝えればきちんとやってくれるけど、理由を立てないと忘れがち。そうか、料理も同じなんだ！

そこで、それぞれの作業をする理由を明確にし、「覚えてほしいポイント」をしぼって説明することにしました。**初心者でも作りやすいように、あらためてレシピを見直したので、まずは書いてあるとおりに作ってみて**ください。

1つうまく作れたら料理に興味がわき、2つ上手にできたらもっと料理をしたくなります。成功体験を重ねることで、「料理はそんなにむずかしいものではない」と気づくことでしょう。そうしたら、また別の料理にチャレンジしていく。その繰り返しで、料理がどんどん好きになっていきます。とにかくあきらめずにチャレンジすること！　おいしく作れたら、料理って本当に楽しいですから。

その楽しみを夫にわけてあげるために、この本のレシピページを開いて、そっと渡してみてはいかがでしょうか(笑)。

濃厚だれがよくからむ～　豚肉のしょうが焼き

炒め時間はたったの1分30秒！ チャーハン

作り方 P.137

ビーフステーキ

材料（1人分）と作り方

- 牛肉（ステーキ用・厚さ2㎝）
  …1枚（約300g）
- 塩…適宜
- 粗びき黒こしょう…適宜
- じゃがいも…1個（約150g）
- クレソン…適宜
- サラダ油（または牛脂）…大さじ½

1 じゃがいもはきれいに洗い、皮つきのままラップで包んで電子レンジで3～4分加熱する。

2 牛肉は室温にもどし、焼く直前に塩小さじ½（肉の重量の1%）、粗びき黒こしょう少々をふる。

3 フライパンにサラダ油を入れて強めの中火にかけ、薄く煙が出てきたら**2**を入れる。2分焼き、返して2分焼く（厚さ2㎝なら片面2分ずつ、1㎝なら片面1分ずつ焼く）。アルミホイルに牛肉をのせて包み、4～5分おいてやすませる。

4 **1**のじゃがいもをラップの上からふきんなどで持って半分に割り、ラップをはずす。

5 器に**3**を盛り、**4**を添えて塩、粗びき黒こしょう各適宜をふり、クレソンを添える。

ペペロンチーノ

材料（1人分）と作り方

- スパゲティ…100g
- にんにく*（つぶす）…1かけ
- 赤唐辛子*…1本
- 塩…小さじ2弱（約10g）
- オリーブオイル…大さじ2

＊にんにくの香りを強くさせたいときは、2～3かけに。
＊赤唐辛子の辛みをしっかりきかせたいときは、2～3等分に切って種を抜く。

1 鍋に水1ℓを入れて沸かし、塩を入れる。スパゲティを入れ、袋の表示どおりにゆでる。入れたらすぐに菜箸で寄せ、湯に沈めるとよい。

2 冷たいフライパンにオリーブオイル、にんにく、赤唐辛子を入れ、中火にかける。にんにくが茶色くなったら火を止める。フライパンを傾けるのがコツ。

3 スパゲティのゆで汁大さじ3を取り分け、スパゲティがゆで上がる直前に**2**に加え、フライパンをときどき揺すりながら、白濁するまで強火にかける。

4 **1**のスパゲティをざるに上げて**3**に加え、手早く全体にあえる。

---

❶ 冷蔵庫から出したての肉は中心部分が冷たいので、室温にもどしてから焼く！

❷ よく熱した油に肉を入れ、あまり動かさずにじっくり焼くと肉汁が逃げない！

❸ 焼いたらアルミホイルで包んでしばらくおき、肉汁を肉の中に戻す！

❶ ゆで汁にしっかり塩味をつけ、スパゲティの味をぼやけさせない！

❷ 油ににんにくの香りをしっかりうつし、スパゲティにまとわせる！

❸ 油にゆで汁を加えて白濁（乳化）するまでよく混ぜると、味が一体になる！

チャーハン

材料（1人分）と作り方

- 温かいご飯…200～250g
- ハム…30g
- ねぎ…4㎝
- 卵…1個
- 塩、こしょう…各適宜
- サラダ油…大さじ1½～2

1 ねぎはみじん切りにし、ハムは小さめの角切りにする。卵は溶きほぐす。

2 フライパンにサラダ油を入れて強めの中火で熱し、油が充分温まったらねぎ、ハムを順に入れてさっと炒め、卵を入れ、全体に広げる。すぐにご飯を卵の上に加え、おたまの背でかるく押さえながら広げ、卵をくずしながらご飯と混ぜ合わせる。

3 ご飯がほぐれたら全体を返し、ご飯がぱらりとするまで炒め、塩、こしょうで調味する。

豚肉のしょうが焼き

材料（1人分）と作り方

- 豚ロース肉（しょうが焼き用）…4枚（約150g）

たれ
○玉ねぎのすりおろし…大さじ1
○しょうがのすりおろし…小さじ1
○にんにくのすりおろし…小さじ½
○しょうゆ、みりん…各大さじ1
○砂糖…少々

- キャベツのせん切り…適宜
- サラダ油…小さじ1
- 好みでマヨネーズ…適宜

1 豚肉は室温に10分ほど置き、両面からしっかり筋切りをする。たれの材料を混ぜ合わせる。

2 フライパンにサラダ油を強めの中火で熱し、豚肉を表側（太いほうを左にした場合、脂身が上になるほう）を下にして並べる。45秒ほど焼き、表面に水分が上がってきて下の面に焼き色がついたら返す。30秒ほど焼いたらたれを加え、全体にたれを15秒ほど煮からめる。

3 器にキャベツをのせて**2**を盛り、たれをかける。好みでマヨネーズを絞る。

おいしく作る三カ条

チャーハン

❶ チャーハンはフライドライス！　多めの油で揚げ焼きにするイメージで！

❷ ご飯粒をつぶしてしまうと粘りが出るので、おたまの背でかるく押し広げて焼く！

❸ 炒めすぎるとご飯の水分が抜けてパサつくので、炒めるのは1分30秒！

豚肉のしょうが焼き

❶ 筋切りはしっかり。肉のそり返りが防げ、均一に焼ける！

❷ 焼きすぎると肉が堅くなる。焼き時間は計1分30秒でOK！

❸ 肉によくからむよう、おろし玉ねぎとおろしにんにく入りの濃厚だれを使う！

とにかく使える! みそそぼろ

作り方 P.141

みそそぼろで3品

みそそぼろ冷ややっこ

豆腐を器に盛り、みそそぼろをかけ、ラー油をたらす。ちょっと居酒屋風♪

みそそぼろのレタス包み

レタスにみそそぼろをのせてくるんで、パクッ。マヨネーズをつけるとおいしさ倍増!

みそそぼろ丼

器にご飯を盛り、みそそぼろをかけ、目玉焼きをのせる。目玉焼きなら、いり卵よりも簡単。

夫、初の作りおき

夫に作りたい料理をきいてきて、わかったことがあります。それは、**どんな料理初心者でも、作ってみたいのは自分が食べたい料理**ということ。逆に、どんなに簡単でも自分があまり好きではない料理は作ろうとしません。というのも、おなかを満たすだけなら、市販の総菜などでいくらでも事たりますから。それに思い返してみたら、私自身もいきなり無謀なチャレンジをしていましたっけ。なので、簡単だから、健康を考えて……とサラダなどの野菜料理を作ったら！　と強要するのはやめました。野菜は、毎日の食事でたくさん食べればいいですもんね。

「夫も気に入る」かつ「簡単にできる作りおき」と考えたすえ、ご紹介するのが「肉みそ」です。ご飯にのせれば一皿で満足できるどんぶりものに、豆腐やレタスにのせたらつまみにもなるスグレモノ。作り方にも好みがあるので、フライパンと電子レンジの2つの方法をご紹介します。フライパンならこくも出て香ばしい肉みそになります。電子レンジで作ればふっくら！　フライパンで調理したことがないかたは、まずはレンジ調理に挑戦するのもいいかもしれません。ちなみにわが家の夫は断然フライパン派。料理をしている気分になれるのがいいのだとか。

妻が旅行で数日家を空けるときなどに、「作ってよかった！」と必ず思ってもらえる一品です。

固まっている肉がパラッとしてきて、少し水分が出てきたら炒め終わり。

みそそぼろ

材料（作りやすい分量）と作り方

- 豚ひき肉（赤身）…250g
- しょうゆ、みりん…各大さじ2
- みそ、砂糖…各大さじ1
- 小麦粉…小さじ1
- サラダ油…小さじ1（炒める派のみ）

加熱後、火が通っているところとそうでないところを均一に混ぜ、再び加熱する、を繰り返す。

炒める派なら（でき上がり約250g）

1 ボールにサラダ油以外の材料を入れ、泡立て器または木べらでよく混ぜる。

2 フライパンにサラダ油を中火で熱し、**1**を入れ、焦げないように混ぜながら肉に火が通るまで4～5分炒める。

電子レンジ派なら（でき上がり約300g）

1 耐熱のボールにサラダ油以外の材料を入れ、泡立て器または木べらでよく混ぜる。

2 ラップをかけて電子レンジで3分加熱。全体を混ぜて再びラップをかけ、電子レンジで2分加熱。全体を混ぜて再びラップをかけ、電子レンジで2～3分加熱する。

※保存の目安：さめてから保存容器に入れ、冷蔵庫で4～5日。

今さら、妻と二人暮らし

子どもたちが独立して、僕が定年になったらどうしようか？　そんな言葉を交わしだしたのは、定年を迎える数年前からだった。

二十数年住みつづけた家はリフォームしたいね。

そもそも東京に住みつづける必要はある？

会社勤めを続けるの、それともフリーになるの？

……。

私の帰宅はだいたい23時ごろで、妻は入れ違いに寝てしまうから、そんな相談ともいえない投げかけをしあうのはせいぜい休日の夜ごはんのときくらい（日中は休日だってもちろん会社へGo！）。そのうちまじめに話し合わなきゃね、と思いながら日は過ぎていった。

仕事の合間にふと思う。

定年になって時間に余裕ができたら、妻と朝から晩まで顔を突き合わせているのだろうか、と。それは楽しみ3割、未知との遭遇の不安7割という思いだった。

業を煮やしたのか、いよいよ妻に「新居探し」を突きつけられた。仕事に脂がのってきた妻にとって、充実した仕事場づくりは喫緊の課題だった。

他方、私のほうは仕事が過去最大級に忙しく、時期としては最悪。この女、人のことも考えず何を言いだすのだろう、と思ったのを今でも覚えて

いる。あてもなく探しはじめ、都内だけでなく京都や熱海、湘南まで遊山がてら足を延ばした。

そのとき、目の前にぶら下げられたのは「基地をつくろう」というコンセプトだった。何かを発信していくベースをつくろうと言われて、やっと方向が定まったのだった。

思えば大きくなったら何になるの？　と子どものころはきかれたけれど、60歳を過ぎた今、私にそんなことをきく人は誰もいない。でもこのまま縮んでいくつもりも毛頭ない。新しいことを始める。それはちょっとわくわくする誘いだった。

お互いを頼るわけではなく、それぞれに基地を構えてやりたいことをする。子どもや孫のことを唯一の話題にしながら枯れていく人生も否定しないけれど、それってわが家には似合わない。相棒と、新しいチャレンジを語り合いながら年を重ねていきたい。

かといって今さら正面切って向き合うなんてガラでもないし。ちょっと斜に構えてて、体勢を入れ替える一瞬くらいは前を向く。助けを求められたら駆けつける。一緒にいながら違う仕事でキャリアを積んできた二人には、これって最適の距離感なのだと思う。

上田恭弘

おわりに

夫婦ってつくづく不思議な関係ですね。
縁あって一緒になり、いつしか同志のように、ミッションを遂行すべく毎日を送り。
あっという間に25年以上。そしてはたと気づく。
子育てが終わり、仕事にゴールが見え、目的・目標が……。
今まで永遠に続くと思っていた毎日が終わることに、少なからずうろたえ、おびえ。
まだまだと思っていても、当たり前のようにそのときはやってくる。
そんなときに、ひとりぼっちではなく相手がそばにいるってやっぱり心強い。
やっと自由になったのだから、一人で好きなことをしながらのびのびと、とも思うけど
老いてくると、弱くなると、人の気配を感じながらの毎日がありがたく。
べつに大げさなことではなく、ただともに生活し、一緒にごはんを食べ、
ときどき文句も言い、たわいもなく笑い……。
誰かが(じつは夫に限らなくてもいいのですが。笑)そばにいるからこその毎日。
こんな日々こそが、私たち世代のこれからなのかもしれませんね。
この本でご紹介したわが家の変化は、ただの一例です。